101 Dinge

DIE IHR FÜR EURE

Hochzeits-
planung

WISSEN SOLLTET

101 Dinge

♥

DIE IHR FÜR EURE

Hochzeits-planung

WISSEN SOLLTET

EIN BUCH DER
EDITION MICHAEL FISCHER

Ihr lieben Hochzeitswahnsinnigen,

vier Millionen neunhundertfünfundachtzigtausendachthundertacht. So viele Instagram-Posts gibt es unter dem Hashtag #hochzeit, während ich gerade diesen Satz schreibe. Und beachtliche einhunderteinundneunzigtausendsiebenhundertneunundzwanzig Posts unter dem Hashtag #hochzeitswahn. Ein Wort, das ich während der Planung meiner eigenen Hochzeit ins Leben rief und welches bis heute noch dank meines gleichnamigen Blogs und der Hochzeitsmagazine für den Hochzeitsrausch und den Zustand absoluter Verzückung steht.

Seit elf Jahren bin ich nun schon im Hochzeitswahn, als es Instagram & Co noch gar nicht gab und Pinterest noch ein überschaubares Moodboard war. Trotz meiner jahrelangen Erfahrung habe auch ich beim Thema Heiraten nicht auf jede Frage eine Antwort parat und lerne tagtäglich immer wieder neu dazu. Doch eines ist ganz klar: Hochzeiten sind längst nicht alle gleich und lassen sich nicht über einen Kamm scheren. Ansprüche, Traditionen und Budgets sind so unterschiedlich wie unsere Persönlichkeiten. In dem mittlerweile hochgewachsenen Hochzeitsdschungel geht es nicht darum, einfach nur eine Party zu planen, sondern darum, eurer inneren Stimme zu folgen und eure Liebe so zu feiern, wie es sich für euch richtig anfühlt. Genau davon erzählen meine 101 Dinge, die ich gerne vorab für meine eigene Hochzeit gewusst hätte, und diese möchte ich nun mit euch teilen.

Dieses Buch ist mein Geschenk an alle, die heiraten und den wichtigsten Tag ihrer Liebe einzigartig planen und feiern möchten. Und ich möchte mit meiner Ansprache so integrativ wie möglich sein, denn jede Liebe soll und darf gefeiert werden! Möge euch dieses Buch ein ehrlicher Freund sein in guten Zeiten, und ein Trost, wenn eure Hochzeitsplanung doch mal auf den Kopf gestellt wird.

Haut rein und genießt jeden einzelnen Augenblick. Es wird ein Fest!

Patricia Hau ♥

 P.S.: Unter diesem QR-Link findet ihr ein Glossar mit den wichtigsten Grundbegriffen rund um das Thema Hochzeit. Falls ihr also mit manchen Begriffen in diesem Buch noch nicht vertraut seid, könnt ihr diese während dem Lesen ganz einfach und bequem nachschlagen.

Inhalt

KAPITEL 1

DU & ICH

Wow, was habt ihr beiden für ein Glück! Denn ihr habt euch nicht nur gefunden, sondern euch auch zur Aufgabe gemacht, die Party eurer Liebe zu feiern. Worauf noch warten? Lasst uns loslegen!

#1 Heiraten ist toll!

Die Planungsphase ist eine Zeit voller Perspektiven, in der ihr neue Traditionen schafft, andere Familien als eure annehmt und noch mal mehr beweist, dass ihr beide das Rückgrat eurer Beziehung seid.

Wahrscheinlich lest ihr dieses Buch genau deswegen, weil ihr gerade am Anfang eurer Hochzeitsplanung steht und womöglich alles zum Thema Hochzeit wissen möchtet. Ich kenne das. Aus Erfahrung gesprochen, will man am liebsten sofort losrennen und all die verschiedenen Hochzeitsmagazine aus den Regalen holen. In der Minute, in der ihr beginnt, euch mit eurem Hochzeitstag zu beschäftigen, werdet ihr in einen Inspirationsstrudel gezogen, der euch auch in Versuchung bringt, gerade getroffene Entscheidungen zu revidieren, um dann in eine komplett neue Richtung zu gehen.

WAS SIND EURE WÜNSCHE?

Der beste Ratschlag, den ich euch als ehemalige Braut geben kann, ist, sich eine Hochzeit zu wünschen, die zu euch passt. Nutzt diese einzigartige Zeit, um euch auf euch selbst, eure Partnerschaft und eure Erwartungen zu konzentrieren. Bekommt eine klare Vorstellung davon, was ihr euch wünscht, um bei der Planung eurer Hochzeit voranzukommen.

WARUM WOLLT IHR HEIRATEN?

- ♥ Weil ihr der ganzen Welt zeigen wollt, dass es euch mit dem gemeinsamen Leben sehr ernst ist.
- ♥ Aus religiöser Überzeugung
- ♥ Weil ihr finanzielle Sicherheit haben möchtet.
- ♥ Weil ihr euch in Schale werfen wollt, um die Party eures Lebens zu feiern.
- ♥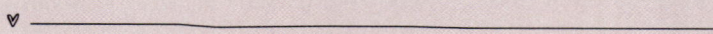

Eure gemeinsamen Werte und Wünsche werden euch noch mal mehr darin bestärken, warum ihr heiraten möchtet, und eure Entscheidungen werden euch zu eurer ganz persönlichen Traumhochzeit führen.

#2 Ein echtes Dreamteam

Eine Hochzeit zu planen ist ein komplexes und kostspieliges Unterfangen. Da ihr aber ein echtes Dreamteam seid, werdet ihr mit spielerischer Leichtigkeit geradlinig den Weg zur Traumhochzeit ansteuern. Und solltet ihr in einigen Dingen vielleicht nicht einer Meinung sein, macht das gar nichts, denn eine Partnerschaft ist ein bisschen wie ein türkischer Bazar, auf dem alles verhandelbar ist.

TRÄUMT ZUSAMMEN – ÜBER DIE ART DES ZUSAMMENLEBENS, EURE GRUNDWERTE UND LEBENSZIELE:

1. SCHMEISST DIE KRISTALLKUGEL AN!
Eine Ehe bedeutet nicht das Gleiche für alle. Wo seht ihr euch in zehn Jahren, und was sind eure ultimativen Eheziele?

2. DAS STRESST!
Wie geht ihr mit Stress und Meinungsverschiedenheiten um?

3. ROTE TÜCHER
Ist Flirten oder Pornos schauen ein No-Go? Was sind eure roten Tücher?

4. VOLLE WINDELN
Wollt oder habt ihr Kinder? Wenn ja, wie viele, und nehmt ihr euch beide allen Herausforderungen von der vollen Windel bis zum ersten Liebeskummer an?

5. HALT. STOPP. ZURÜCK! ALLES BLEIBT SO, WIE ES IST.
Wie geht ihr mit Veränderungen um?

6. FÜR SICH
Wie viel Zeit braucht ihr für euch allein? Und damit ist nicht die Zeit auf dem Klo gemeint!

7. SEX
Wie wichtig ist Sex für euch, und was sind eure Erwartungen?

Nehmt euch Zeit, um eure Ziele und Prioritäten festzulegen, um eure Vision für die Hochzeit zu verwirklichen. Konzentriert euch dabei auf die Gesamtvision eurer Hochzeit, die euren Persönlichkeiten, Ideen und Wünschen entspricht.

#3 Eine Hochzeit will erlebt werden

Für mich bedeutet Hochzeit, dass sich auf unserem großen Erdplaneten zwei Menschen zur selben Zeit am selben Ort befanden und sich trafen. Sich verliebten und nun den Bund fürs Leben schließen möchten. Das seid ihr! Richtige Glückspilze, und genau das muss gefeiert werden.

Auch wenn die Hochzeitsplanung ein wundervoller Abschnitt des Lebens ist, kann sie manchmal stressig und zu einer großen Herausforderung werden. Das perfekte Kleid, die schönste Hochzeitsdeko, beeindruckende Blumenarrangements sind alles Sahnehäubchen einer Hochzeit, die dieses Ereignis noch besonderer machen. Richtig so! Denn es bereitet ja auch Riesenspaß, all diese hübschen Dinge auszuwählen. Und sollte bei all der Freude am Planen doch mal ein Moment eintreten, in dem ihr am liebsten alles hinschmeißen wollt, dann denkt an diesen einen kurzen Augenblick zurück, als der Verstand und das Herz sagten: „Das ist der oder die Eine". Und ganz schnell wird aus Stress wieder (Vor-)Freude. Denn es braucht letztendlich nur euch beide. Da habt ihr's – das Geheimnis ist gelüftet.

#4 Der überraschende Familienstammbaum

Man heiratet nicht nur den Mann oder die Frau, sondern auch die Familie.

Schwiegereltern – oft ein Thema für Zündstoff. Um so wichtiger, dass ihr vor dem Jawort die Schwiegermama, den Schwiegerpapa, Schwager und Schwägerin wenigstens schon mal gesehen habt. Schließlich wird am Tag eurer Hochzeit aus zwei Familien eine.

Erinnert ihr euch noch daran, als ihr eure Schwiegereltern kennengelernt habt? Konntet ihr das Eis schnell brechen? Ich selbst war fürchterlich nervös. Letztendlich fällt der Apfel bekanntlich nicht weit vom Stamm, und meine Aufregung war am Ende komplett unbegründet.

EIN PAAR GUTE FRAGEN ZUM NACHDENKEN

- ♥ Wie ist euer Partner mit seiner Familie zurechtgekommen?
- ♥ Sind oder waren sie sich nah oder fern?
- ♥ Gibt oder gab es Konflikte?
- ♥ Wird die Ehe in der Lage sein, unabhängig von den Familien der Ehepartner zu handeln, vor allem wenn es um Entscheidungsfindungen geht?
- ♥ Gibt es in der Familiendynamik kontrollierende oder manipulierende Einstellungen?

Viele Ereignisse aus unseren Herkunftsfamilien wiederholen sich und tauchen ganz unbewusst in der Ehe auf. Bedenkt bei der Planung auch eure Familientraditionen und integriert Rituale aus beiden Familien. Denn die familiären Beziehungen unseres Partners sind der Schlüssel für eine glückliche Ehe. Je offener ihr damit umgeht und aufeinander eingeht, desto mehr schafft ihr dieses unbeschreiblich schöne Gefühl von tiefem Vertrauen, mit dem ihr auch mal nicht so stabile Brücken überqueren könnt.

#5 Eure Vision

Bevor ihr anfangt, darüber nachzudenken, welche Blumen auf die Tische sollen, konzentriert euch zuallererst auf das große Ganze.

Was ist der erste Schritt? Wenn ihr all eure Gründe, Wünsche, Interessen und Traditionen bei der Hochzeitsplanung berücksichtigt, werdet ihr einen Hochzeitstag erleben, der euren Grundwerten und Lebenszielen entspricht. Vertraut dabei auf euren Instinkt – und hört auf das seltsame Bauchgefühl, das man bekommt, wenn man eine Entscheidung trifft, die man vielleicht nicht hätte treffen sollen.

DEFINIERT ZUERST GROSSE IDEEN

Die Größenordnung, das Umfeld, der Stil und der Zeitrahmen (Jahreszeit) gehören zu den wichtigsten Faktoren, die euren Hochzeitstag beeinflussen. Je eher ihr diese Formalitäten festlegt, desto klarer werden alle weiteren Planungsentscheidungen. Hört dabei auf eure innere Stimme.

VERTRAUT AUF EURE VORSTELLUNGEN

Größenordnung

○ weniger als 50 Gäste

○ zwischen 50 und 100 Gäste

○ mehr als 100 Gäste

Ort der Festlichkeiten

○ wo wir leben

○ wo unsere Familie lebt

○ Destination – fern von wo wir leben

○ anderes: _____

Stil

○ feierlich

○ klassisch

○ religiös

○ lässig

○ glamourös

○ modern

Jahreszeit

○ Frühling

○ Sommer

○ Herbst

○ Winter

○ Wunschmonat _____

KAPITEL 2

RECHTE & FINANZEN*

Geld ist wichtig! In der Hochzeitsplanung und in der Ehe. So ist es
von großer Bedeutung, mit diesem
Thema offen umzugehen. Was sich
rechtlich mit der Ehe ändert und
wie ihr eure Finanzen in Ordnung
haltet, erfahrt ihr in diesem Kapitel.

---

*Dieses Kapitel ersetzt keine Rechtsberatung. Bitte wendet euch
bei weiteren Fragen an einen Notar oder Rechtsanwalt.

#6 Finanzen – dein, mein, unser

Für manche ist das vielleicht nicht der aufregendste Teil der Hochzeitsplanung, denn manchmal ist es unangenehmer über Geld zu sprechen als über Sex. Ich dagegen finde es unheimlich anziehend, denn Klarheit über alle Finanzen zu haben, ist nicht nur fundamental von Bedeutung, sondern auch das Alpha und das Omega in einer Ehe, mit dem viele Träume und Wünsche steigen und fallen.

HIER EIN PAAR FRAGEN, DIE KLARHEIT VERSCHAFFEN

♥ Was ist eure Lebenseinstellung zu Geld: sparen? ausgeben?

♥ Was sind eure wichtigsten Prioritäten im Leben, und was spielt Geld dabei für eine Rolle?

♥ Gibt es bestehende Schulden?

♥ Wird finanzielle Unterstützung benötigt, um auf langfristige berufliche Ziele hinzuarbeiten?

♥ Wie kann das monatliche Budget aussehen?

♥ Sind Kinder geplant, und muss dafür eine Auszeit vom Job genommen werden?

♥ Gibt es Kinder aus früheren Ehen/Partnerschaften, und welche finanzielle Verantwortung ist damit verknüpft?

♥ Gibt es Pläne für die Rente und wenn ja, welche?

♥ Liegt ein Testament oder Nachlassplan von euch vor?

HEIRATEN VERÄNDERT EUER FINANZIELLES LEBEN

Ein gemeinsames Haushaltskonto ist nicht unüblich. Darüber hinaus hat jeder meist ein eigenes Konto. Aber es geht nicht nur darum, dass ihr zusammenlebt und Ausgaben miteinander teilt. Vielmehr ändert sich euer rechtlicher und steuerlicher Status. Und auch wenn eure Kreditwürdigkeit individuell bleibt, kann die finanzielle Situation eines Ehepartners zukünftige Entscheidungen beeinflussen. Legt die Karten auf den Tisch und verwirklicht gemeinsam eure zukünftigen Finanzpläne.

#7 Die 50-30-20-Regel

Ob Sparen für den großen Urlaub, das neue Auto oder jetzt für die Hochzeit: Die 50-30-20-Regel ist so schön in ihrer Einfachheit, dass eine realistische Budgetierung zum Sonntagsspaziergang wird.

Gewiss wollt ihr während eurer Verlobungszeit nicht wie Einsiedler leben, nur um an eurem Hochzeitstag nicht auf etwas verzichten zu müssen. In der Tat könnt ihr potenzielle Bereiche identifizieren, in denen ihr zusätzliches Geld spart, welches so zum Etat eurer Hochzeit beitragen kann.

Die besten Möglichkeiten sind oft auch die einfachsten: wie zum Beispiel die 50-30-20-Regel, eine Budgetierungsmethode, die genau festlegt, wie viel im Monat für die Lebenshaltungskosten und wie viel zum Sparen eingesetzt werden kann. Damit könnt ihr zu hohe Ausgaben getrost vermeiden und beeindruckt dabei zuschauen, wie schnell sich Einsparungen summieren können.

> **IM IDEALFALL TEILT IHR DIE FESTGELEGTEN BETRÄGE SOFORT NACH GELDEINGANG AUF DREI VERSCHIEDENE KONTEN AUF.**

EUER MONATLICHES NETTOEINKOMMEN WIRD IN DREI BEREICHE EINGETEILT:

- ❧ 50 % für Fixkosten, wie Miete, Versicherungen, Lebensunterhalt (Einnahmen x 0,5)

- ❧ 30 % für Freizeit, Hobbys und Vergnügen (Einnahmen x 0,3)

- ❧ 20 % für Sparziele und Investitionen (Einnahmen x 0,2)

Die prozentuale Aufteilung innerhalb dieser Regel ist hierbei ein Richtwert, den ihr gemäß euren persönlichen Verhältnissen anpassen könnt. Klingt gar nicht schlecht für den genialen Hochzeitsplan, oder!?

> **WENN IHR ZUM BEISPIEL JEDEN MONAT 4000 € NETTO NACH HAUSE BRINGT, KÖNNT IHR DAVON 800 € FÜR EUER SPARZIEL ZUR SEITE LEGEN. IN NUR EINEM JAHR WÄREN DAS BEACHTLICHE 9600 €.**

#8 Eure Rechte

Das Jawort beim Standesamt verändert vieles. Vor allem rechtlich. Wenn ihr keine anderen rechtlich bindenden Vereinbarungen trefft, wird alles, was ihr beide, auch getrennt voneinander, während der Ehe erwirtschaftet, rechtlich geteilt.

Im Regelfall, sofern nichts anderes vereinbart, gilt: Was euch vorher allein gehört hat, bleibt euer alleiniges Eigentum. Und sollte einer von euch auf gut Glück ein Haus erben, ist auch diese Immobilie nur Eigentum der Person, die geerbt hat. Lediglich Wertsteigerungen, die das Haus während eurer Ehe erfährt, werden zu gleichen Teilen angerechnet, jedoch nicht das Haus selbst.

RECHTLICHES NACH DER EHESCHLIESSUNG

Auch wenn ihr nun direkte Angehörige voneinander seid, könnt ihr nur in Sonderfällen medizinische Entscheidungen für den anderen treffen oder die medizinischen Details zum Gesundheitszustand eures Ehepartners vom Arzt erfahren. Dazu seid ihr jedoch berechtigt, wenn eine entsprechende Vorsorgevollmacht beziehungsweise Patientenverfügung vorliegt. Im Todesfall seid ihr nach dem gesetzlichen Regelfall direkte Erben voneinander. Der gesetzliche Regelfall tritt vor allem dann ein, wenn ihr nichts anderes vereinbart habt. Auch wenn dieses Thema ein eher unangenehmes ist: Besprecht das am besten vor der Hochzeit, regelt eure Testamente, schließt Vorsorgevollmachten, Patientenverfügungen und gegebenenfalls einen Ehevertrag ab!

WIE SIEHT'S MIT DER STEUER NACH DER HOCHZEIT AUS?

Bei der Steuer kommt ihr in Deutschland automatisch beide in die Steuerklasse 4. Habt ihr schon Kinder, kann es auch eine andere Steuerklasse sein. Ihr könnt die Steuerklasse auch angleichen, je nachdem, wer mehr verdient. Interessant zu wissen ist auch, dass ihr erst im Dezember geheiratet haben könnt, und dennoch gilt die neue Steuerklasse für das gesamte aktuelle Jahr. Ihr solltet die Steuererklärung auch als Ehepaar machen, das bringt euch einige Vorteile.

#9 Eheverträge sind sexy!

Sie können durchaus romantisch sein, denn ein sorgfältig ausgearbeiteter Ehevertrag ist nicht nur dafür da, die finanziellen Umstände zwischen zwei Eheleuten festzulegen, sondern dient auch dazu, die Rollen und Erwartungen innerhalb der Ehe zu bestimmen.

Zunächst einmal scheint es bei der Ehe vor allem um Liebe und Zusammengehörigkeit zu gehen. Allerdings ist die Eheschließung noch viel mehr als eine emotionale Bindung – denn es geht auch eine finanzielle und rechtliche Verbindung damit einher. Über bestehende Vermögenswerte, die eventuell in die Ehe miteingebracht werden, zu sprechen, gehört genauso mit zur Hochzeitsplanung, wie die Blumen beim Floristen zu bestellen.

> **EIN EHEVERTRAG FÖRDERT DIE KOMMUNIKATION UND DIE EMPATHIE UND FESTIGT DIE BEZIEHUNG, INDEM ER INTIMITÄT UND VERTRAUEN SCHAFFT.**

NUR WIRKSAM, WENN NOTARIELL BEGLAUBIGT

Bei ungleichmäßig aufgeteilten Geldverhältnissen oder Erbansprüchen ist es nicht untypisch, dass vor oder während der Ehe in einem Ehevertrag eine Gütertrennung geregelt wird. Damit der Ehevertrag im Falle einer Auflösung der Ehe rechtsgültig wirksam ist, muss er notariell beurkundet werden. Nichtsdestotrotz muss ein Ehevertrag immer eine faire und bewilligte Vereinbarung sein, bei der keiner zur Unterschrift gezwungen wird.

Jetzt habt ihr die Fakten. Wenn ihr mit einer solchen soliden Grundlage eure Ehe beginnt, basiert sie auf Vertrauen, Ehrlichkeit, Klarheit, Kommunikation und natürlich Liebe. Das ist mal sexy!

#10 Stichwort:
Hochzeitsversicherung

Eure Hochzeit zu versichern, ist vor allem in Zeiten einer Pandemie eine gute Idee, denn schließlich geht es ja nicht um Peanuts, wenn wir einen Blick aufs Budget werfen. Die Policen sind unterschiedlich gestrickt, und ihr solltet darauf achten, gegen was ihr euch versichern wollt.

WAS IST DA DRIN?

Vornehmlich decken die Policen Unfälle, Krankheiten (wenn diese nicht vorher schon bekannt waren), Schicksalsschläge, unverschuldeten Jobverlust oder die Insolvenz von Dienstleistern eurer Hochzeit ab.

> **DER VORTEIL IST DER SCHUTZ EURER INVESTITIONEN. DER NACHTEIL SIND ZUSÄTZLICHE KOSTEN.**

LEST DAS KLEINGEDRUCKTE

Möchtet ihr die komplette Hochzeit versichern, kann dies teurer werden. Schadenssummen bis 2500 € allerdings können schon ab rund 50 € versichert werden. Es kommt daher auf eure Wünsche an. Und vorher solltet ihr natürlich eure Dienstleistungsverträge checken. Denn wenn ihr durch diese schon vor Krankheit und Ähnlichem geschützt seid, benötigt ihr keine zusätzliche Versicherungspolice.

> **SOLLTET IHR EUCH VERSICHERN WOLLEN, MÜSST IHR DIES SPÄTESTENS 30 TAGE VOR EUREM HOCHZEITSTAG TUN.**

Weitere Infos findet ihr unter: www.allianz.de / www.hansemerkur.de / www.zurich.de

KAPITEL 3

ENTSCHEIDUNGS-HILFEN

Es ist sicherlich keine Überraschung für euch, dass die Planung einer Hochzeit viele Entscheidungen erfordert. Lasst mich euch ein paar wichtige Dinge an die Hand geben, die ich gerne gewusst hätte, als meine Zeit zum Heiraten gekommen war.

#11 Was kostet die Hochzeit?

Hochzeiten können eine Menge Geld kosten. Location, Kleider, Ringe, Catering, Entertainment, ..., da kommt ein hübsches Sümmchen zusammen. Und ganz unter uns: Es ist kein Geheimnis, dass all diese Ausgaben zum Thema Hochzeit so einige Versuchungen bereithalten. Sei ja auch allen gegönnt, denn schließlich kann und darf die Liebe groß gefeiert werden. Der Grund ist also naheliegend, warum diese Branche schnell zum Konsum verführt.

Die meisten Ausgaben werden tatsächlich eher emotional statt rational getroffen. Und das kann eben teuer werden! Auf diese Art entstehen sogar „Hochzeitskredite", denen ihr lieber nicht ins Netz gehen solltet. Denn so schön, wie der Tag auch werden soll, darf er keinesfalls mit Schulden enden. Bei Hochzeiten ist es also ähnlich wie beim Hauskauf: Nicht mit Herz kaufen, sondern besser mit Verstand! Und nicht dass wir uns jetzt falsch verstehen, es geht nicht darum, eine billige Hochzeit zu feiern, sondern darum, euer Geld für eure Traumhochzeit intelligent einzusetzen.

EINE MÖGLICHE KOSTENAUFTEILUNG EURER HOCHZEIT

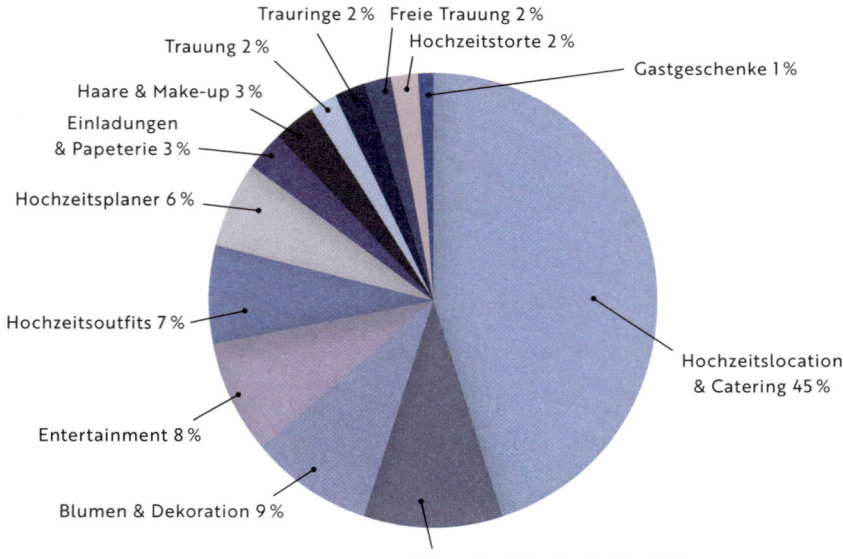

#12 Das Hochzeitsbudget

Ihr dürft gerne jubeln, denn die ersten wichtigen Grundsteine sind gelegt! Jetzt, da ihr eure Vision und Prioritäten veranschaulicht habt, ist es an der Zeit, sich mit den Zahlen eurer Hochzeit zu befassen. Das Festlegen eures Budgets ist einer der ersten Schritte, bevor es so richtig mit der Planung der Feier losgehen kann.

> **FÜR JEDES BUDGET GIBT ES DIE PASSENDE TRAUMHOCHZEIT.**

DEFINIERT ERWARTUNGEN IM RAHMEN DES MÖGLICHEN!

Der Betrag, den ihr für eure Hochzeit ausgebt, ist eine äußerst persönliche Entscheidung. Stellt euch dafür eine Balkenwaage vor – so ein Ding mit zwei Schalen. In die eine Schale legt ihr eure Hochzeitsvision und in die andere euer Geld. Natürlich ist es hilfreich zu wissen, wie viel Geld ihr überhaupt in die Schale legen könnt. Deshalb ist die Aufstellung eines realistischen Budgets notwendig, um eure Hochzeit im Bereich des Leistbaren planen zu können.

BLEIBT EUREM HOCHZEITSBUDGET TREU!

Die Location, die Anzahl der Gäste und alles Weitere, das nicht verhandelbar ist, bilden die Basis für euer Hochzeitsbudget. Sobald ihr alle wichtigen Fragen für euch beantwortet habt und euer Budget soweit steht, bleibt diesem treu.

- ♥ Wie viele Gäste dürfen bei der Trauung dabei sein und wie viele bei der Hochzeitsfeier?

- ♥ Dürfen alle eingeladenen Gäste eine „Plus-Eins" mitbringen? Dürfen die Kinder der Gäste auch mitkommen?

- ♥ Wie viele Gäste (wenn überhaupt) dürfen eure Eltern einladen?

- ♥ Werdet ihr mehr für Essen und Getränke ausgeben und weniger für die Hochzeitsdeko?

- ♥ Legt ihr mehr Wert auf Entertainment und verzichtet dafür auf ein Hochzeitsvideo?

#13 Die Gästeliste

Der Sinn einer Hochzeitsfeier besteht darin, eure Liebe mit den Menschen zu feiern, die euch am Herzen liegen. Allerdings gibt es viele Faktoren, die eure Gästeliste beeinflussen werden.

Die Anzahl der Gäste kann sich zwar auf euer Budget auswirken, allerdings bestimmt sie nicht immer, wie viel ihr am Ende ausgeben werdet. Fokussiert euch daher auf eure Hochzeitsvision, die euch dabei helfen wird, herauszufinden, wen ihr wirklich einladen möchtet und könnt.

DIE A-LISTE UND B-LISTE

Falls ihr doch in die Situation geratet, eure Gästeanzahl zu kürzen, sind eine A- und B-Liste eine bewährte Möglichkeit. Auf der A-Liste stehen alle Personen, die auf eurer Hochzeit nicht fehlen dürfen. Auf die B-Liste kommen dann alle weiteren Personen, die ihr gerne einladen möchtet, es aber aufgrund von Platz- und Kostengründen nicht auf die A-Liste schaffen. Und nein, es ist nicht unhöflich oder gar beleidigend, eine B-Liste zu haben. Diese beiden Listen sind oft ein realistischer Teil der Hochzeitsplanung, und sie sagen nichts darüber aus, wie gerne ihr einen Menschen habt. Eine Entscheidungshilfe hierfür findet ihr auf Seite 59.

MIT ETWAS FINGERSPITZENGEFÜHL WIRD ALLES GUT

Die B-Liste wird bestenfalls nach Priorität sortiert, denn sobald alle von der A-Liste auf eure Einladung reagiert haben, können bei Absagen andere aus der B-Liste nachrutschen.

> BEHALTET EURE „WARTELISTE" PRIVAT UND VERSUCHT, GRUPPEN VON FREUNDEN ODER KOLLEGEN NICHT AUF BEIDE LISTEN AUFZUTRENNEN, DENN DAS KÖNNTE BEI PLAUDEREIEN FÜR SPANNUNGEN SORGEN.

DEN EIGENEN WÜNSCHEN GERECHT WERDEN

Das hört sich womöglich viel einfacher an, als es ist, vor allem, wenn man von Schuldgefühlen und Verpflichtungen geplagt wird. Tatsächlich ist es schlicht und ergreifend nicht möglich, es jedem recht zu machen. Auf der einen Seite wird es immer diejenigen geben, die für euch jubeln, und auf der anderen Seite diejenigen, die beleidigt sind, ganz egal was ihr tut.

#14 Das Hochzeitsdatum

Ist die Wahl des Hochzeitsdatums wichtig oder nicht? Ja und nein. Denn das Datum hängt stark von der Location und dem Budget ab.

Doch auch persönliche Gründe können eine Rolle spielen. Vielleicht möchtet ihr ein verstorbenes Familienmitglied ehren oder an einem bestimmten Jahrestag Ja zueinander sagen. Unterm Strich ist das Datum eurer Hochzeit eine Planungsentscheidung, auf die sich alle einzelnen Punkte eurer Hochzeit auswirken.

TIMING IST ALLES

> OHNE EIN HOCHZEITSDATUM KÖNNT IHR ZWAR EINE VORSTELLUNG VON EURER HOCHZEIT HABEN, ABER KEINE ANGEBOTE VON HOCHZEITSDIENSTLEISTERN EINHOLEN UND KEINE FESTEN ENTSCHEIDUNGEN TREFFEN.

Natürlich lässt sich eine Traumhochzeit auch innerhalb kürzester Zeit umsetzen – das ist alles nur eine Frage der Kosten. Allerdings kann es schon vorkommen, dass euer Wunschfotograf genau an eurem geplanten Hochzeitstag eine andere Hochzeit fotografiert oder es dann doch das Kleid von der Stange wird statt des maßgeschneiderten Traumkleides, welches erst acht Monate und vier Anproben später abholbereit wäre.

MEIN RAT AN EUCH

Nehmt euch genügend Zeit, um euer Hochzeitsdatum auszuwählen, und überstürzt nichts. Das gibt euch genug Raum für individuelle Details, um alles so zu planen, wie es euch wichtig ist. Die Wahl des Hochzeitsdatums ist eine aufregende Entscheidung, denn jedes Paar verbindet damit seine ganz persönliche Geschichte. Genau das macht es so besonders.

#15 Vier verschiedene Hochzeitssaisons

Ob Frühling, Sommer, Herbst oder Winter – eure Hochzeit wird das Event der Saison. Die Jahreszeiten haben jeweils ihre eigenen, unverwechselbaren Vorzüge, ihr müsst euch nur entscheiden!

FRÜHLINGSHOCHZEIT

Pastellfarben und zarte Blüten erlebt ihr bei einer Hochzeit im Frühling, die zu Beginn im März noch in der Nebensaison liegt und bis an den Anfang der Hauptsaison im Mai hineinreicht. Das bedeutet für euch, ihr könnt günstigere Preise ergattern, aber auch schon Hauptsaisonpreise. Genießt die vielen floralen Möglichkeiten, die euch der Frühling bietet. Sucht aber besser Blüten aus, die Allergiker weniger beeinträchtigen.

SOMMERHOCHZEIT

Die Hauptsaison startet im Mai und erstreckt sich über Juni und Juli hinweg bis Ende August. Es ist die Zeit der warmen Sonnentage, die perfekt für Hochzeiten unter freiem Himmel sind. Aber das hat auch seinen Preis, denn sie gilt als eine der teuersten Hochzeitssaisons. Bedenkt bei der Planung, dass das warme Wetter auch mal unangenehm heiß werden kann und ihr in jedem Fall auch einen Regen-Plan-B benötigt. Viele Familien planen außerdem in den Sommerferien ihren Familienurlaub, was sich an eurer Gästeliste bemerkbar machen kann.

HERBSTHOCHZEIT

Profitiert bei eurer Hochzeit im Herbst von zauberhaft schönen, satten Farben, die euch die Natur von sich aus anbietet. Herbsthochzeiten sind romantisch und können im späten September noch an sommerliche Temperaturen grenzen. Die Herbstsaison reicht bis in den November hinein und ist günstiger als die Hochzeitssaison im Frühling oder Sommer. Mit dem wechselhaften Wetter solltet ihr sorgfältig umgehen und am besten eine überdachte Location wählen.

WINTERHOCHZEIT

Hochzeiten im Winter werden immer beliebter. Vor allem Hochzeitsthemen in kräftigen Farben lassen sich zu dieser Jahreszeit toll umsetzen. Locations und Dienstleister sind oftmals viel günstiger in den Monaten von Dezember bis Februar. Denkt bei der Planung auch an die Ferienzeiten und Feiertagspläne eurer Gäste.

#16 Und es hat Zoom gemacht

Vielleicht wollt ihr noch mehr Lieblingsmenschen einladen, doch das Budget oder andere Gegebenheiten machen euch einen Strich durch die Gästeliste? Manchmal ist es auch einfach nicht für alle eingeladenen Gäste möglich, zu eurer Hochzeit anzureisen.

Glücklicherweise leben wir in einer digitalisierten Zeit, und dank moderner Technologien habt ihr die Möglichkeiten, eure Hochzeit mit allen Menschen zu feiern, die ihr gerne an eurem großen Tag teilhaben lassen möchtet.

> MENSCHEN, DIE EUCH NAHESTEHEN, ABER VIELLEICHT AM ANDEREN ENDE DER WELT WOHNEN, KÖNNEN AUF DIESE ART EURE TRAUUNG LIVE MITERLEBEN.

DIE ZOOM APP
Sie gehört aktuell zu den besten Streamingdiensten, und tatsächlich feiern viele Brautpaare bereits Zoom-Hochzeiten, denn die Funktionen passen sich an die Bedürfnisse einer Hochzeitsfeier an. Bis zu 1000 Geräte und entsprechend viele Haushalte können mit nur einem einzigen Zoom-Anruf zu eurer Hochzeit zugeschaltet werden. Das ist schon krass, denn vielleicht feiert ihr örtlich eine intime Micro Wedding, digital ist es aber eine riesige Sause.

GUTE VORBEREITUNG IST ALLES
Zu beachten ist, dass ihr eine sichere Internetverbindung habt und das technische Equipment, wie eine gute Webcam, und jemanden, der sich um die Einstellungen und Details am Tag der Hochzeit kümmert. Macht hierzu einen kleinen Zeitplan, damit alles pünktlich funktioniert, und probiert das Ganze einige Tage vorher in einem kurzen Durchgang aus. So wird eure Live-Streaming-Hochzeit für alle zum Highlight! Wichtig: die Zuschauer stummschalten!

#17 Die Hochzeitslocation

Ihr dürft euch gerne mal gegenseitig auf die Schultern klopfen, denn die Vision, das Budget und die Gästeliste für eure Hochzeit festzulegen, ist kein Kinderspiel. Jetzt kann die Suche nach der perfekten Hochzeitslocation losgehen.

Die Location für eure Hochzeit ist die Bühne eures Auftrittes. Somit geht es hier um eine große Entscheidung. Nicht nur soll(en) sie schön und funktional sein, sondern auch eurem Hochzeitsbudget entsprechen. Denkt bei der Auswahl immer an eure Vision, euer Budget und eure Gästeliste.

RICHTIG GOOGELN

Nutzt die Bildersuche in Google mit der Eingabe der Region, in der ihr feiern möchtet, plus den Suchbegriff „Hochzeit". Ihr werdet Hunderte von bereits erlebten Hochzeiten in verschiedenen Locations finden, über die ihr vielleicht bei der Standard-Google-Suche nicht gestolpert wärt.

DER ERSTE EINDRUCK ZÄHLT

Wenn ihr eine Location zum ersten Mal besichtigt, betretet sie mit eurer Vision. Macht Fotos von den Räumlichkeiten und visualisiert euch und eure Gäste darin.

NEHMT DIE VERFOLGUNG AUF

Ihr habt eine tolle Location gefunden? Lasst euren inneren Detektiv frei und durchsucht die sozialen Medien anhand von Geo- und Hashtags. Oft findet ihr persönliche Einblicke.

DER FRÜHE VOGEL FÄNGT DEN WURM…

… oder die perfekte Location. Beginnt die Suche nach eurer Location so früh wie möglich, denn manche sind sogar Jahre im Voraus ausgebucht.

SEID FLEXIBEL

Je flexibler ihr mit eurem Hochzeitsdatum seid, desto mehr Möglichkeiten habt ihr bei der Auswahl eurer Traumlocation.

DAS GLÜCK BESIEGELN

Wenn die Auswahl der Location(s) steht, besiegelt das Ganze schriftlich, am besten mit einem Vertrag. Lest unbedingt das Kleingedruckte, bevor ihr etwas unterschreibt.

#18 Von wahren Helden und der Qual der Wahl

Wenn ihr eines tun könnt, um aus eurer Hochzeitsplanung ein Kinderspiel zu machen, ist es, erstklassige Hochzeitshelden zu finden.

Auf der einen Seite haben wir eure Hochzeitsvision, auf der anderen Tausende von Hochzeitsdienstleistern. Fotografen, Caterer, Floristen, Juweliere, Friseure, Konditoren, Hochzeitsbands – alle haben was zu bieten. Wie aber findet ihr die wahren Helden der Hochzeitsbranche?

RECHERCHE, RECHERCHE, RECHERCHE – ONLINE UND OFFLINE

- ♥ Stöbert online durch Hochzeitsblogs, Erfahrungsberichte, soziale Medien, Hochzeitsverzeichnisse, Suchmaschinen, um so viel wie möglich über die Qualität eines Hochzeitsdienstleisters zu erfahren.

- ♥ Fragt Freunde, Bekannte und im Familienkreis nach Empfehlungen, wenn sie selbst erst kürzlich geheiratet haben.

- ♥ Offline habt ihr auf Hochzeitsausstellungen und Messen die Möglichkeit, mit Anbietern persönlich in Kontakt zu kommen. Da merkt man ganz schnell, ob's funkt.

- ♥ Sprecht mit den Anbietern eurer Hochzeitslocation, denn die haben oft ein bevorzugtes Hochzeitsanbieter-Verzeichnis, die meist auch die Location bereits gut kennen.

BONUSTIPP

Wenn ihr gerne einen Hochzeitsplaner beauftragen wollt, nehmt einen, dessen Arbeiten und Hochzeiten euch gut gefallen. Der Vorteil ist, dass ein Planer auch mit anderen Hochzeitsprofis vernetzt ist.

BAUCHGEFÜHL IST WICHTIG!

Macht eure Hausaufgaben und hört auf euer Bauchgefühl. Ihr werdet es wissen, wenn es sich richtig anfühlt. Sobald ihr euer Traumteam gefunden habt, stellt all eure Fragen, gebt ihnen klare Anweisungen und vertraut dem Lauf der Dinge. Sie werden die wahren Helden sein, die euch auf der bisher womöglich aufregendsten Reise eures Lebens begleiten und eure Hochzeitsträume wahr werden lassen.

#19 Eheringe – das Zeichen von Liebe und Status

Das Statussymbol der Ehe, das zwei Menschen durch Religion, Gesetz oder beides miteinander verbindet. Als ewiger Kreis, ohne Anfang und Ende, sind sie ein Symbol für Liebe, Respekt, Hingabe, Verpflichtung und Zuneigung. Eine Tradition, die bis ins Mittelalter zurückreicht.

Was früher aus Pflanzen gewebt wurde, ist heute aus Metall, und gewöhnlich tragen wir den Ehering am vierten Finger der rechten Hand, denn die Vene in diesem Finger führt direkt zum Herzen. Aber nur nichts überstürzen, denn vom Stil bis zur Form, von der Auswahl an Metallen bis hin zu nachhaltigen Optionen – eure Eheringe sind ein Thema, bei dem es einiges zu beachten gibt.

EIN EHERING PASSEND ZUM LEBENSSTIL?

Sollen die Eheringe zueinanderpassen, oder darf es Mix & Match sein, und einer der Ringe ist vielleicht das kostbare Erbstück der Oma? Es gibt sie in den verschiedensten Formen, Stilen und Metallen – mit oder ohne Diamanten oder Edelsteinen. Ihr habt die Wahl zwischen Rhodium, Silber, Gold, Palladium und Platin, hinzukommen Legierungen, Gewicht, Allergien, Haltbarkeit, Kosten und vor allem die Ethik. Das alles spielt beim Kauf von Eheringen eine Rolle.

- ♥ Gelb-/Weißgoldene Ringe sind eher traditionell und leicht sauber zu halten.

- ♥ Roségold vermittelt Romantik, ist überraschend günstig und passt zu allen Hauttönen.

- ♥ Platin ist ein prestigeträchtiges Metall und außerdem hypoallergen.

- ♥ Diamanten stehen für Beständigkeit und Stärke und werden mit der Ewigkeit in Verbindung gebracht.

Das Fazit? Lasst euch vom Juwelier oder Goldschmied eures Vertrauens sachkundig beraten und tut, was sich für euch richtig anfühlt! Eure Trauringe sind das Symbol eurer Liebe, und dafür gibt es kein Richtig oder Falsch.

Ein Krönchen könnt ihr euren Trauringen aufsetzen, indem ihr sie auf den Innenseiten mit einer persönlichen und bedeutungsvollen Gravur verewigt. Diese Worte werden euch immer daran erinnern, dass eure Ehe diese ganz besondere Bedeutung hat, die im Laufe der Jahre weiter wachsen wird.

EHERINGE SELBST SCHMIEDEN

Wenn ihr altes Gold oder Metall in eurem Schmuckkästchen aufbewahrt, könnt ihr dieses auch einschmelzen lassen und etwas Neues und anderes erschaffen oder die Ringe sogar selbst schmieden. Viele Goldschmiede bieten diesen Service an, und auch wenn ihr keine erlesenen Goldschätzchen rumliegen habt, gibt's natürlich die Wunschmetalle zum Kaufen. Klingt doch romantisch für das nächste Date, oder?

#20 Der Familienname*

Was früher noch festgelegt war, ist heute frei wählbar. Ihr könnt den Namen eures Partners annehmen, alles beim Alten belassen, oder ihr wählt einen Doppelnamen.

WER DIE WAHL HAT, HAT DIE QUAL. ODER?

Das Namensrecht in Deutschland ist in vielerlei Hinsicht freier als andernorts. Natürlich geht's ganz klassisch: Einer nimmt den Namen des anderen an. Oder jeder von euch behält seinen Geburtsnamen. Möglich ist außerdem, dass einer von euch einen Doppelnamen trägt, also den eigenen Nachnamen plus den des Partners verbunden mit einem Bindestrich. Bestand zuvor schon ein Doppelname, kann nur einer dieser Namen Bestandteil des neuen Namens werden. Bei einem Doppelnamen entscheidet ihr dann auch, welcher Name als erster genannt wird – entweder der eigene oder der des Partners. Eines aber ist wichtig zu wissen: Wenn ihr mit der Eheschließung nicht denselben Namen tragen werdet, wird ein Familienname festgelegt, der bei nachfolgenden Kindern der Nachname der Kinder sein wird. Eure Kinder haben in diesem Fall also nur mit einem Elternteil einen gemeinsamen Nachnamen. Dieser Familienname gilt für alle Kinder, ein Wechsel ist nur im Sonderfall möglich. Ebenfalls wichtig zu wissen ist, dass Kinder grundsätzlich nicht den Doppelnamen eines der Elternteile erhalten können.

NEUER NAME, NEUES LEBEN!

Eure Eheschließung wird mit euren Autogrammen besiegelt, und das ist der Moment, ab dem die Namensänderung gültig ist und damit unumkehrbar wird. Naja fast, denn eine Korrektur des Nachnamens ist später nur unter bestimmten Bedingungen möglich, so zum Beispiel, wenn ihr beide bei euren Familiennamen geblieben seid und euch innerhalb von fünf Jahren nach der Eheschließung umentscheidet.

---

*Der nachfolgende Text ersetzt keine Rechtsberatung. Bitte wendet euch bei weiteren Fragen an einen Notar oder Rechtsanwalt.

NAMENSÄNDERUNG – WORAUF IHR ACHTEN SOLLTET

Eine Namensänderung kommt mit so einigem an Bürokratie daher. Beim Einwohnermeldeamt beantragt ihr persönlich den neuen Namen im Personalausweis, Reisepass und auch für die Lohnsteuerkarte (denn nicht vergessen: Mit der Hochzeit ändert sich eure Steuerklasse).

Als kleine Gedächtnisstütze gebe ich euch eine Liste mit den wichtigsten Institutionen an die Hand, wo ihr euren Namen überall ändern solltet.

MIT DIESER CHECKLISTE SEID IHR BESTENS VORBEREITET

- ○ Klingelschild, Briefkasten
- ○ Krankenkasse
- ○ Versicherungen
- ○ Zulassungsbescheinigungen
- ○ Vertragspartner
- ○ Arbeitgeber, Firma, Visitenkarten
- ○ Vermieter, Grundbuch
- ○ Verträge (Strom, Telefon, Handy, Gas, Kundenkarten, Abos, …)
- ○ Vereine
- ○ Online-Anmeldungen (Facebook, E-Mail-Signatur, LinkedIn, PayPal, …)
- ○ Ärzte
- ○ Banken (EC-Karten, Kreditkarten, …)
- ○ Führerschein

Falls ihr vor der Hochzeit eure Hochzeitsreise bucht, solltet ihr auch unbedingt beim Reiseanbieter Bescheid geben, dass ihr zum Zeitpunkt der Reise unter einem anderen Namen reisen werdet. Beantragt ihr alles rechtzeitig, bekommt ihr die Dokumente bereits zur Hochzeit ausgehändigt.

RECHTLICH GLÜCKLICH

Rechtliche Grundverordnungen ändern sich immer mal wieder. Holt euch bei einer Namensänderung lieber noch mal die aktuellen Informationen von eurem zuständigen Standesamt. Bleibt nur noch, dass ihr das Klingelschild ändert und den neuen Nachnamen zu sagen lernt. Das ist anfangs ein bisschen kribbelig ungewohnt!

AM BESTEN ÜBT IHR SCHON VOR DER HOCHZEIT EURE NEUE UNTERSCHRIFT, DANN KANN NICHTS SCHIEF GEHEN.

#21 Drei Arten der Trauung

Die Trauung ist ein Moment, von dem ihr jede Sekunde so richtig auskosten solltet. Denn das ist nun der langersehnte Augenblick, in dem ihr euch beide auf etwas Lebensveränderndes, Überwältigendes, Bedeutsames und Aufregendes einlasst.

ÄHM, PRIORITÄTEN!

Die Trauung ist das Herzstück der Hochzeit. Mit dem Jawort erklärt ihr euch eure Liebe und teilt ganz öffentlich eure Absichten für euer zukünftiges gemeinsames Leben: das Eheleben. Doch welche Arten von Trauungen gibt es und wie muss die Trauungszeremonie geplant werden?

Ihr habt einige Möglichkeiten, euch trauen zu lassen. Offiziell, feierlich und individuell sind wohl die gängigsten. Ganz allgemein – ob frei, kirchlich oder Standesamt – werden einige persönliche Informationen von euch benötigt. Je nach Umfang der Trauung fließen persönliche Details über eure Partnerschaft mit ein. Beim Standesamt kommen diese seltener vor als bei einer freien Trauung, bei einer evangelischen Hochzeit häufiger als bei einer katholischen. Doch eines haben sie alle gemeinsam: die Individualität von euch als Brautpaar.

OFFIZIELL: STANDESAMTLICHE TRAUUNG

Ums Standesamt kommt kein Paar, das heiraten möchte, herum. Dort geht ihr die rechtlich gültige Zivilehe ein, für die all eure Ausweisdokumente gültig sein müssen (auch die der Trauzeugen). Außerdem dürfen die Auszüge aus Geburtsregister und Einwohnermeldeamt nicht älter als sechs Monate sein. Spätestens zur standesamtlichen Trauung solltet ihr euch über eure Nachnamen einig sein. Wichtig zu wissen ist, dass die standesamtliche Trauung nur an bestimmten Orten stattfinden darf (hauptsächlich in überdachten Räumlichkeiten), sodass ihr bei Sonderwünschen nachfragen müsst. Das heißt aber noch lange nicht, dass die standesamtliche Trauung deswegen spießig wird, denn mit schöner (Live-) Musikbegleitung und ein paar persönlichen Worten, die ihr untereinander austauschen könnt, wird auch so ein standardisiertes, behördliches Ereignis romantisch.

FEIERLICH: KIRCHLICHE TRAUUNG

Sie ist für viele Hochzeitspaare das wichtigste und oft romantischste Hochzeits-ereignis: Zwei Menschen schließen ihre Ehe vor Gott. Im Gegensatz zur standes-amtlichen Trauung ist das Heiraten in der Kirche freiwillig. Sie kann jedoch nur nach der zivilrechtlichen Eheschließung stattfinden. Oft gibt die Kirche einen festen Ablauf vor, der allerdings auch auf eure Wünsche hin angepasst werden kann. Eine gute Absprache lohnt sich, denn umso detaillierter kann euer Kir-chenheft gestaltet werden. Möchtet ihr, dass der zuständige Geistliche sagt, dass der Bräutigam die Braut küssen darf, müsst ihr dies mit dem Priester absprechen. Es ist in der katholischen Liturgie nicht vorgesehen, diese Frage zu stellen, und nicht alle Priester möchten das. Wie schon beim Standesamt, habt ihr auch bei dieser Art von Trauung die Möglichkeit, in eurer Wunschkirche zu heiraten.

INDIVIDUELL: FREIE TRAUUNG

Nachdem der Behördengang abgeschlossen ist, bietet die freie Trauung eine fan-tastische Möglichkeit, sich noch einmal ganz individuell und persönlich trauen zu lassen, wo auch immer ihr wollt. Denn bei der freien Trauung geht es vor allem darum, dass eure eigene Geschichte erzählt und gefeiert wird – losgelöst von rechtlichem oder kirchlichem Rahmen. Ganz nach euren Wünschen gestalten freie Theologen eure Zeremonie und bieten auch Rituale wie das Sand- und Knotenritual, Handfasting, Zeitkapsel oder das Anzünden der Traukerze an.

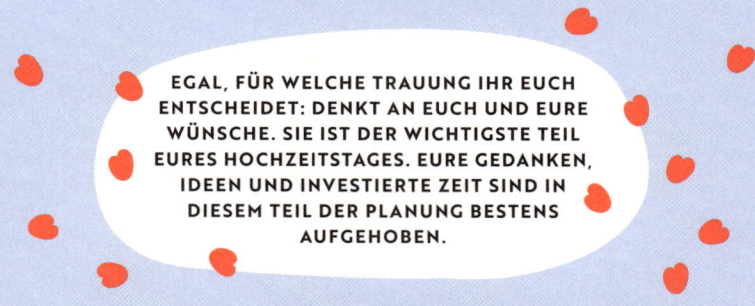

EGAL, FÜR WELCHE TRAUUNG IHR EUCH ENTSCHEIDET: DENKT AN EUCH UND EURE WÜNSCHE. SIE IST DER WICHTIGSTE TEIL EURES HOCHZEITSTAGES. EURE GEDANKEN, IDEEN UND INVESTIERTE ZEIT SIND IN DIESEM TEIL DER PLANUNG BESTENS AUFGEHOBEN.

#22 Die Brautjungfern und Trauzeugen

Die Brautjungfern und Trauzeugen werden euch nicht nur am Hochzeitstag selbst zur Seite stehen, sondern euch auch bei der Vorbereitung tatkräftig unterstützen. Wählt also mit Herz, denn es gibt keine Regeln, außer dass ihr euch mit eurer Entscheidung gut fühlen sollt.

DIE AUSWAHL

Wenn ihr Erinnerungen schafft, die ein Leben lang anhalten, ist die Wahl oft ganz klar. Die besten Freunde, Geschwister – sie tragen dazu bei, dass euer Hochzeitstag unvergesslich wird. Es ist allerdings hilfreich, wenn diese Personen nicht nur euer Herz berühren, sondern auch ein organisatorisches Händchen haben und ihr einschätzen könnt, wer welche Aufgaben übernehmen kann. Zuverlässigkeit ist definitiv ein wichtiger Faktor, je nachdem, wie viele Aufgaben ihr abgeben möchtet.

DAS A-TEAM

Auch wenn es bei eurem A-Team um Qualität und nicht um Quantität gehen sollte, müsst ihr euch nicht unbedingt jeder auf eine Person beschränken. Unsere Zeit befreit euch von althergebrachten Konventionen.

WÜNSCHE UND AUFGABEN

Möchtet ihr keine Hochzeitsspiele, werden eure Trauzeugen das respektieren und das auch vor allen Anfragen von Gästen verteidigen. Natürlich kennen sie euch auch so gut, dass nicht nur abgesprochene Wünsche umgesetzt werden können, sondern auch intuitiv spontan getroffene Entscheidungen zum Gelingen der Hochzeit beitragen. Im Gegenzug solltet ihr als Brautpaar euren Trauzeugen blind vertrauen können, sodass sie euch mit eurer Traumhochzeit unterstützen können, wie ihr sie euch vorstellt.

VERGESST NICHT, FOTOS VON EUCH UND EUREN BRAUTJUNGFERN UND TRAUZEUGEN MACHEN ZU LASSEN. DIE BILDER WERDEN SPÄTER SO BEDEUTUNGSVOLL SEIN UND AN EUREN BESONDEREN TAG ZURÜCKERINNERN.

#23 Eure Hochzeitsdienstleister

Harmonie, Vertrauen und Sympathie sind nicht nur in einer Partnerschaft unerlässlich. Auch während der Zusammenarbeit mit eurem Hochzeits-A-Team spielen diese Gefühle eine große Rolle.

Eure Dienstleister sind die Menschen, die eure Wünsche wahr werden lassen und dazu beitragen, dass euer großer Tag in eurer Erinnerung lebendig bleiben wird. Bevor ihr aber auf irgendeiner Linie unterschreibt, lernt eure Dienstleister persönlich kennen. Ist die Entfernung zu groß oder ein Treffen aus anderen Gründen nicht möglich, geht das auch prima über Skype, Facetime oder Zoom.

REZENSIONEN SIND WICHTIG

Die unterschiedlichen Bedürfnisse und Arbeitsweisen eurer Hochzeitsdienstleister zeichnen sie aus, um euch zufrieden zu stimmen. Vielleicht seid ihr auch über eine tolle Bewertung oder Empfehlung auf sie aufmerksam geworden. Im Gegenzug könnt auch ihr sie so richtig glücklich machen, indem ihr ihre erbrachten Leistungen anerkennt.

BEISPIELE DAFÜR SIND:

- ♥ Trinkgeld ist in der Hochzeitsbranche optional. Wenn ihr aber so richtig zufrieden seid, dann wertschätzt das ruhig mit einem entsprechenden Bonus, einem Gutschein oder einem kleinen Geschenk. Am besten plant ihr diese Ausgaben bereits in euer Hochzeitsbudget mit ein.

- ♥ Hochzeitsanbieter sind meist kleine Unternehmen, die kein riesiges Marketingbudget zur Verfügung haben. Sie leben von Empfehlungen und rasten aus vor Freude, wenn ihr euren Dank mit Feedback pflastert.

Gute Bewertungen spielen in der Entscheidungsphase sehr oft eine große Rolle. Das Gleiche gilt natürlich, wenn ihr nicht so zufrieden gewesen seid. Gebt dann gerne konstruktives Feedback.

#24 Hochzeitsplaner:
die Lösung vieler Sorgen

Ihr wollt Entscheidungen treffen, ohne Verantwortung übernehmen zu müssen? Dann seid ihr mit einem Hochzeitsplaner gut beraten, denn sie nehmen euch den ganzen Planungsstress ab. Vom Rundum-Sorglos-Paket bis hin zur Tagesbetreuung, gibt es für jedes Budget den passenden Service. Lasst euch hierbei genau erklären, was die Pakete enthalten. Eine gute Recherche für einen Hochzeitsplaner ist der Schlüssel zum Erfolg, denn eurem Hochzeitsplaner wollt ihr zu 100 % vertrauen können.

DIE AUFGABEN EINES HOCHZEITSPLANERS

♥ Abstimmungen mit den Dienstleistern

♥ Wettbewerbsfähige Preisverhandlungen, Auswahl von Hochzeitsanbietern, die zum Hochzeitsthema des Paares passen

♥ Analyse und Entwicklung von Hochzeits- und Designkonzepten nach Anforderung des Hochzeitspaares, plus Hinzufügen von Dingen, die man als Hochzeitspaar gar nicht bedacht hat

♥ Zahlungen verwalten und an die entsprechenden Anbieter leisten

♥ Buchung der Veranstaltungsorte sowie Raumkonzepte verwalten und koordinieren

♥ Organisieren aller Transportlieferungen und Wege

♥ Management aller Veranstaltungspunkte

♥ Umsetzung der gewünschten Hochzeitszeremonie

♥ Überwachung aller Arbeiten im Hintergrund, wie zum Beispiel das Anrichten der Speisen, und Verwaltung der Reinigungsprozesse

♥ Koordination aller Dienstleistungen für einen reibungslosen Ablauf (Caterer, Fotografen, Floristen, Eventverleihe, …)

♥ Lösungen bei kurzfristigen Absagen oder Ausfällen von Dienstleistungen

- ❤ Familiendynamiken – wenn Konflikte innerhalb der Familie Klärung benötigen
- ❤ unerwartete Notfälle
- ❤ die Annahme aller Geschenke und persönlichen Sachen für das Paar, sodass nichts verloren gehen kann
- ❤ den Rückversand aller Leihgaben
- ❤ den reibungslosen Ablauf nach Plan

Seien wir ehrlich: Hochzeitsplaner sind für weitaus mehr zuständig, als nur ein paar hübsche Details auszusuchen. Spätestens wenn ihr inmitten der Planung eurer Hochzeit steckt, wisst ihr genau, was diese aufgeführten Punkte bedeuten und warum allen Hochzeitsplanern unser aller Respekt auszusprechen ist.

#25 All-inclusive: Ist Premium der neue Standard?

All-inclusive Hochzeitspakete beinhalten alles, naja fast alles, was man für eine Hochzeit benötigt. Die Hochzeitsplanung, Gestaltung und Koordination wird von Profis übernommen und spart euch ohne Ende Zeit und Laufereien.

In der Regel schnüren Hochzeitslocations oder Hochzeitsplaner All-inclusive-Premiumpakete auf euren Geschmack treffend zusammen. Vom Catering, Verleihen, Dekorieren, Entertainment bis sogar hin zum Fotografen und Hochzeitsfilmer wird sich um alles gekümmert. Somit bündelt ihr die gesamte Planungsleistung bei einem einzigen Ansprechpartner.

DIESE OPTION SPART NICHT NUR ZEIT, SONDERN WOMÖGLICH AUCH GELD. DENN OFTMALS WERDEN SOLCHE GESAMTPAKETE ZUM SPEZIALPREIS ANGEBOTEN.

Mit dieser Möglichkeit bekommt ihr eure Hochzeitsplanung bis ins kleinste Detail auf einem Silbertablett serviert. Klingt super entspannend, ist es auch. Da bleibt nur noch: Zurücklehnen und alle Details den Profis überlassen.

#26 Mit einer Kamera in der Hand muss man nicht gleich Profi sein

Onkel Bob rockt! Er ist unendlich witzig, hat eine Profikamera, und seine Urlaubsfotos sind auch immer so schön. Liegt doch auf der Hand, dass genau er die Hochzeit fotografieren muss. Und das sogar für lau, praktisch als Hochzeitsgeschenk. Was für eine fantastische Idee, oder?

Hmm, ich habe da einen sehr hübschen Satz Schraubenschlüssel in meinem Werkzeugkasten. Es wäre allerdings echt verrückt, mich damit auf euer Auto loszulassen. Ja, es gibt Unterschiede zwischen Onkel Bob und einem professionellen Hochzeitsfotografen. Veranschaulichen wir das mal:

ONKEL BOB	HOCHZEITSFOTOGRAF
knipst meistens im Auto oder „P" für „Professional" Mode.	bedient Kameras weit über dem Amateurniveau.
hat wahrscheinlich noch nie eine Hochzeit fotografiert.	hat einiges an, wenn nicht sogar schon jahrelange Erfahrungen mit Hochzeiten.
kann womöglich nicht schnell genug auf verschiedene Lichtsituationen reagieren.	findet sich in allen Licht- und Wettersituationen wie Kirchen, Kerzenlicht, Räumlichkeiten ohne Fenster, Regen, Sturm und Nebel zurecht.
hat all die schönen Details vergessen zu fotografieren, die so mühevoll gestaltet wurden.	ist durchsetzungsfähig und fotografiert mit Liebe zum Detail.
hat das Kussfoto leider verwackelt, ups!	fängt die Kuss-Szene filmreif ein.
fehlt es an Abwechslung.	fotografiert Momente aus verschiedenen Blickwinkeln und Perspektiven.

ONKEL BOB	HOCHZEITSFOTOGRAF
ging der Ringtausch jetzt ein bisschen zu schnell. Oh nein!	ist selbstbewusst, hat Routine und die Fähigkeit, sich schnell in allen Situationen zurechtzufinden.
nimmt eventuell die Hochzeit nicht so ernst, wenn es ums Fotografieren geht.	kann gut mit Menschen umgehen, ob große oder kleine Hochzeitsgesellschaft.
hat kein Backup und keinen Plan B.	speichert alle Fotos auf zwei Speicherkarten gleichzeitig und hat Ersatzequipment dabei.
hat keinen Vertrags-, Versicherungs- und Haftpflichtschutz.	ist abgesichert, wenn Tante Frida übers Stativ stolpert und dabei hinfällt.
verpasst Momente, von denen ihr nie erfahren werdet.	fängt viele lustige und emotionale Momente ein, von denen ihr nichts mitbekommen habt.
liegt mit Grippe krank im Bett. Oh je!	sorgt im Krankheitsfall oder bei Ausfall für gleichwertigen Ersatz.
schickt euch Hochzeitsfotos druckfrisch aus der Drogerie.	übergibt euch farbkorrigierte Fotos mit Wow-Effekt.
hatte nicht denselben Qualitätsanspruch an die Hochzeitsbilder. Nun ja!	erzählt mit Hunderten von Hochzeits-fotos die eine, „eure" Geschichte.

HOCHZEITSFOTOS SIND DIE BLEIBENDE ERINNERUNG

Sollte man sich wirklich auf Onkel Bob verlassen, wenn es darum geht, die schönsten Erinnerungen einer Hochzeit festzuhalten? Das ist so eine 50/50-Frage und es hilft, sich dem Risiko bewusst zu sein. Onkel Bob fotografiert gerne und vielleicht ist er ja gar nicht so unerfahren, oder die Hochzeitsfotos stehen nicht auf eurer Prio-Liste? Falls aber doch, ist es wahrscheinlich keine so schlechte Idee, wenn Onkel Bob statt der Kamera lieber ein kühles Bier in der Hand hält und den Tag mit euch ausgelassen feiert.

#27 Stuhlhussen

Die wohl einfachste Entscheidungshilfe der Welt.

Hunderte von Euros ausgeben, nur um Stühle zu verhüllen? Ich persönlich mag Stuhlbezüge überhaupt nicht und bin der Meinung, dass Stuhlkondome nur noch in kitschigen Ballsälen, die im Stil der 80er dekoriert sind, einen Platz haben könnten. Etwas, worauf wir keinen gesteigerten Wert mehr legen sollten, denn sie nagen nicht nur an eurem Budget, sondern sind auch altbacken. Und außerdem gibt es mittlerweile zahlreiche wunderschöne Alternativen: Chiavari-Stühle in edlen Farben, rustikale Holzstühle, elegante Samtstühle, zeitlose Louis-Rattan-stühle, trendige Chameleon-Stühle, durchsichtige Ghost-Stühle, handliche Klappstühle, fesche Metallstühle im Mesh-Look, ja sogar Holzbänke oder Stroh-ballen, welche ihr übrigens alle bei gut sortierten Eventverleihen zu guten Prei-sen mieten könnt. Nur für den Fall, dass euch die Hochzeitslocation eine Farbpa-lette der Stuhlhussen vor die Nase legt.

KAPITEL 4

STIL DER HOCHZEIT

Die Wahl eines bestimmten Hochzeitsstils
wie Boho oder Moho, Vintage oder rustikal,
metropolitan oder Strand, klassisch traditionell oder modern hat natürlich auch
Einfluss auf die Planung eurer Hochzeit.
Ein Kapitel voller Möglichkeiten, das die
verschiedenen Stilrichtungen für eine
Hochzeit beschreibt.

#28 Beliebte Hochzeitsstile

Die Wahl eines Hochzeitsstils trägt auch dazu bei, alle restlichen Entscheidungen für die Details zu vereinfachen.

BOHO

Kunsthandwerke wie Makramee, coole Sitzecken, Elemente der Natur und Trockenblumen sind Highlights für das Dekor. Sehr oft findet die Zeremonie unter einem prächtigen Traubogen im Freien oder im Garten statt. Die Feier lädt mit ihrem relaxten Ambiente auf neue Abenteuer rund um den Globus ein. Moho ist übrigens eine gekonnt elegante Mischung aus modern und Boho.

GLAMOURÖS

Funkelndes Gold, Silber oder Kupfer, aufwendige Blumenarrangements und üppige Blumenwände, Marmorelemente und viele Kerzen sind Teil dieser Art von luxuriösen Hochzeiten. Sie im eleganten Spitzenkleid, er im Hollywood-Glamour. Alle Gäste dieser größeren Hochzeitsgesellschaft sind perfekt gestylt. Ein Luxus, der auch in einer dreistöckigen, verzierten Hochzeitstorte nicht zu kurz kommt.

RUSTIKAL

Für romantische Landliebhaber. Trauung und Feier finden oft am selben Ort statt, und in der Regel geht alles sehr entspannt zu. Holz, Metall und Blumen spielen in der Dekoration eine große Rolle. Lichterketten sorgen für verträumtes Ambiente.

STRAND

Für entspannte Hochzeiten im Urlaubsmodus. Sandalen oder barfuß mit Salz auf der Haut und ohne formelle Kleidung wird unter einem mit Blumen geschmückten Traubogen Ja gesagt. Die Hochzeitsgesellschaft, meist klein, feiert gewöhnlich in einem der nahegelegenen Veranstaltungsorte, dessen Dekoration mit klassischen und nautischen Elementen in Weiß und Ozeanblau hervorsticht.

KLASSISCH TRADITIONELL

Meist sehr formell im Black Tie gehalten. Er im Anzug oder Smoking, sie im Prinzessinnenkleid. Die Trauung findet oft in der Kirche statt und das Abendessen im Ballsaal mit einem Gourmet-Drei-Gänge-Menü. Die Hochzeitstorte in Weiß ist auf solchen Festen ein Klassiker.

MODERN

Schick und minimalistisch. Klare, schlanke Linien und geometrische Formen ziehen sich bei einer modernen Hochzeit durch das Design. Sie ist zeitlos und dennoch bedeutungsvoll, farbkräftig und kontrastreich und findet oft in Museen, Industriegebäuden oder Restaurants statt.

#29 Findet euren ganz persönlichen Stil

Wie findet ihr euren Hochzeitsstil? Nutzt diese einfache Auswahl, denn sie beschreibt, wer ihr seid und welche Vorlieben ihr habt.

WAS MACHT IHR NACH EINEM LANGEN ARBEITSTAG?
- ○ Auf in die Kneipe
- ○ Netflixen, bis alle Lichter aus sind
- ○ Familie besuchen
- ○ Im Fitnessstudio schwitzen
- ○ Spazierengehen
- ○ Wein trinken und soziale Medien konsumieren
- ○ Buch lesen

EUER KLEIDUNGSSTIL ZUR DATE-NIGHT?
- ○ Jeans und Sneakers
- ○ Minirock mit Sandalen
- ○ Make-up, Blow-dry & Partykleid
- ○ Anzug oder Dinnerjacket
- ○ Maxikleid mit Stiefeln

WELCHER EINRICHTUNGSSTIL GEFÄLLT EUCH?
- ○ Riesige Bodenkissen
- ○ Elegant und Leder
- ○ Rustikale Holzmöbel
- ○ Modern mit stylischem Kuschelsofa
- ○ Minimal und weiß
- ○ Antik
- ○ Überall Pflanzen

EUER TRAUMURLAUB...?
- ○ Road Trip
- ○ Backpacking
- ○ Bed & Breakfast
- ○ Auf dem Land
- ○ Luxushotel
- ○ Disney World
- ○ Privatvilla mit Pool
- ○ Wandern
- ○ Airbnb

EUER LEBENSMOTTO...?
- ○ Lass das Abenteuer beginnen
- ○ Eine Party zu zweit
- ○ Wanderlust
- ○ Wahre Liebe hat kein Ende
- ○ Leben, Lachen, Lieben
- ○ Immer am Trend

IN WELCHER LOCATION SEHT IHR EUCH?
- ○ Villa
- ○ Industrie-Loft
- ○ Garten
- ○ Wald
- ○ Scheune
- ○ Schloss
- ○ Hofgut

Daraus ergibt sich eine verständliche Definition, die euren Stil grob beschreibt und die ihr effektiv an euer Hochzeitsteam vermitteln könnt.

#30 Pinterest und seine Tücken

Eine Fundgrube voller inspirierender Bilder, spitzfindiger DIYs, schicker Kleider und unzähliger Hochzeithacks.

Endlich kein mühsames Ausschneiden von Zeitschriftbildern mehr, die man auf Papierbögen akribisch anordnet, um sie dann zusammengeknüllt im Papierkorb wiederzufinden. Kein Wunder also, dass dieses Onlinetool auch ein Wundermittel für viele Hochzeitspaare ist. Denn dieser endlose visuelle Feed geht weit über alles Erträumte hinaus. Genau das könnte aber zum Stolperstein werden.

WENN DAS MOODBOARD ZUR HERAUSFORDERUNG WIRD

Während planungssichere und designversierte Menschen ihre märchenhaften Moodboards mit Leichtigkeit gestalten und ihren ganz eigenen Stil dem Hochzeitsteam unter Geheimhaltung präsentieren, wird es andere geben, die mit dieser überwältigenden Auswahl an Optionen Schwierigkeiten haben werden. Warum? Ganz oft entpuppt sich ein solches Moodboard nämlich als echte Herausforderung – für euch und eure Hochzeitsdienstleister. Die Gründe dafür lassen sich leicht zusammenfassen:

1 Es gibt kaum Pins von Inspirationen, wo ein Preis euch verrät, was genau was kostet.

2 Die Kleider oder Outfits, in die ihr euch verliebt, sind oft aus älteren Kollektionen und womöglich gar nicht mehr erhältlich.

3 Tatsächlich gerät man in Versuchung, Hochzeiten zu kopieren, und versucht Dinge zu reproduzieren. Euer eigener Stil bleibt damit auf der Strecke.

PINTEREST MIT VORSICHT GENIESSEN!

Ich persönlich liebe Pinterest, doch bevor ich einen Pin in mein Leben lasse, trete ich zwei große Schritte zurück und frage mich, ob dieses Ding wirklich meine Persönlichkeit und meinen Stil reflektiert – oder ich am Ende nur in eine Konsumfalle trete.

> **PINTEREST IST GENIAL, UM HOCHZEITSIDEEN ZU FINDEN. LASST EUCH HIN UND WIEDER VON EUREN PINS INSPIRIEREN UND VERKNÜPFT DIESE MIT EUREM EIGENEN UND GANZ PERSÖNLICHEN STIL.**

#31 Destination Wedding

Während die meisten Paare traditionell in ihrer Heimatstadt heiraten, entscheiden sich andere für eine Hochzeit im Ausland. Und was soll ich sagen? Die Hochzeit ist das Fest eurer Liebe und verdient nur das Beste. Wann kann's losgehen?

IN DIE FERNE TRÄUMEN

Destination Wedding, Kurzurlaub, Hochzeitswochenende – alles verlockende Wörter, die eine Hochzeit an einen beliebigen Ort der Welt zaubert. Ein Reiseziel, das ihr beide liebt, kombiniert mit einer romantischen Trauung – ob barfuß am Strand von Hawaii oder unter einem Lichterkettenmeer an den Meeresklippen von Santorini. Ganz oft ergibt diese Option viel Sinn, vor allem, wenn viele eurer Gäste ohnehin von weiter weg anreisen müssten. Destination Weddings haben Vor- und Nachteile, und nur ihr könnt entscheiden, ob diese Art von Hochzeit richtig für euch ist.

PROS	CONS
○ Ihr könnt eine umwerfende Hochzeit an einem einzigartigen Ort feiern – wo auch immer ihr wollt.	○ Die perfekte Location aus der Ferne zu finden, kann herausfordernd sein.
○ All-Inklusive-Optionen	○ Größerer zeitlicher und finanzieller Aufwand für die Gäste: Nicht alle eingeladenen Gäste (auch Familienangehörige) können teilnehmen.
○ Ihr werdet mehr Zeit für euch und eure Gästen haben und euch wie im Urlaub fühlen.	
○ Das Budget ist relativ einfach im Blick zu behalten.	○ Manche Gäste werden über eure Entscheidung, im Ausland zu heiraten, verärgert sein.
○ Hochzeit kombiniert mit Flitterwochen... Bähm! Geld gespart!	○ Persönliches Kennenlernen eurer Hochzeitsdienstleister ist vor der Hochzeit eher unwahrscheinlich.
○ Ihr habt einen guten Grund, an Jahrestagen immer wieder an den Ort der Freude zurückzukehren.	○ Ein Großteil der Planungen wird außerhalb eurer Kontrolle sein.

#32 Wie in Bella Italia

Wenn wir an Hochzeiten in Bella Italia denken, sehen wir eine warme, ungezwungene Atmosphäre, eine historische Architekturvilla umgeben von Olivenbäumen, rustikale Holztische, farbenfrohe Blumen und ein Meer voller Lichterketten.

Während viele von einem solchen leinwandverdächtigem Fest träumen, liegt es nicht immer im Rahmen des Möglichen, eine solche Traumhochzeit tatsächlich in Italien feiern zu können. Warum also nicht das südliche Flair nach Hause holen? Es gibt viele andere Möglichkeiten, eure Räumlichkeit mit mediterranem Charme zu beleben. Man muss also nicht unbedingt wegfahren, um mediterran zu heiraten.

HIER EIN PAAR IDEEN DAZU:

- ❣ lichtdurchflutete Räumlichkeiten mit natürlichem Licht
- ❣ ein Brautkleid aus Spitze oder anderen leichten Stoffen wie Chiffon und Krepp
- ❣ ein üppiger Wasserfall-Brautstrauß aus Anemonen, Rapunzeln, Gartenrosen, Narzissen und Eukalyptus
- ❣ Raumdüfte von Zitrone, Zypresse, Trüffel, Sandelholz und Amber, die an den Süden Europas erinnern
- ❣ Limoncello-Fläschchen als Gastgeschenk
- ❣ ein großzügiger Grazing Table mit italienischen Wurstspezialitäten, Käse und Früchten sowie eine Olivenölbar aus Holzkisten mit Oliven, frischem Bauernbrot, knusprigen Crackern und Grissini
- ❣ hügelige, sanfte Wiesen für Brautpaarfotos (zum Sonnenuntergang)
- ❣ lange rustikale Tafeln mit Holzstühlen, dekoriert mit Mittelstücken in natürlichen Farben, die sich wie ein Läufer über die Tische ziehen
- ❣ Tischdekoration aus Messinggefäßen, farbigen Gläsern und Zitrusfrüchten
- ❣ buntes oder neutrales Porzellan, Servietten im Azulejo-Fließenmuster oder Terrakotta als erdfarbene Alternative
- ❣ Holzstühle zur Trauung, die mit Olivenzweigen dekoriert sind

#33 So ein Hochzeitskleid ist teuer

Bevor ihr euch Hals über Kopf in ein ganz bestimmtes Kleid verliebt, macht noch mal einen Budget-Check. Wie viel darf das Kleid kosten? Lasst lieber etwas Spielraum nach oben, denn vor allem Kleider sind Emotionskäufe. Die guten Neuigkeiten: Es gibt Brautkleider für jedes Budget. Von einem maßgeschneiderten Couture-Kleid für Tausende Euros, über ein Kleid von der Stange bis hin zum Secondhand- oder Mietkleid ist alles möglich.

SECONDHAND IST NACHHALTIG UND GÜNSTIGER

Für diejenigen, die sich eine nachhaltige Variante wünschen, sind Secondhand- oder Mietkleider nicht nur eine ausgezeichnete Option, sondern auch eine großartige Möglichkeit, den grünen Hochzeitsweg zu gehen. Wenn ein bereits geliebtes Hochzeitskleid weitergereicht wird, ist das eine schöne Geste an unseren Planeten und spart Geld. Auch bezahlbare Mietkleider ermöglichen es, das geliebte, aber unerschwingliche Traumkleid doch tragen zu können. Beim Mieten bitte die Bedingungen und Kosten für die Reinigung oder Anpassungsoptionen beachten.

> RECHERCHIERT NACH RENOMMIERTEN BRAUTMODELÄDEN IN EURER REGION, LEST DIE BEWERTUNGEN UND FINDET EINEN LADEN, DER GROSSEN WERT AUF KUNDENSERVICE LEGT. FÜR VIELE IST ES NUR EIN KLEID, FÜR EUCH IST DIESES KLEID EINE EMOTIONALE BINDUNG.

#34 Das Hochzeitskleid

Die Hochzeit der Träume beginnt oft mit zwei Dingen – dem Partner fürs Leben und dem perfekten Kleid für diesen ganz besonderen Tag. Mr. oder Mrs. Perfect habt ihr euch bereits gesichert, fehlt also nur noch das passende Kleid.

Das Glück ist auf eurer Seite, denn in der Welt der Brautmode seid ihr gesegnet mit einem Reichtum an Hochzeitskleidern – für jeden Stil, jede Silhouette und jedes Budget. Dazu ein paar Beispiele:

DAS MINI- & MIDI-BRAUTKLEID
...eignet sich wunderbar für den Sommer, fürs Standesamt, Elopements oder als Wechselkleid vor dem Brautpaartanz.

DAS FIT- & FLARE-BRAUTKLEID
...ist perfekt für legere Hochzeiten im Garten. Diesen Schnitt könnt ihr ganz nach Spitze und Stoffart auf die Hochzeit abstimmen. Damit zählt es mit zu den beliebtesten Brautkleiddesigns.

DAS LANGE BRAUTKLEID

...kommt in einigen Varianten daher. In Ballkleid-form passt es zum Beispiel toll zu einer Romantik-hochzeit im Märchenstil. Das silhouettenstarke Meerjungfrau-Kleid ist für elegante Hochzeiten ein Hingucker mit wenig Bewegungsaufwand am Tag. Das edle Pendant hierzu ist das Trompeten-Braut-kleid, mit etwas mehr Möglichkeiten zum ausgelas-senen Tanzen. Währenddessen sorgt das Etui-Braut-kleid für einen überwältigenden Auftritt mit Schleppe und bringt raffinierte Finesse zum Ausdruck. Die A-Linie ist sehr klassisch zeitlos und kann ganz nach Textilart auf die Hochzeit abgestimmt werden. Das Hochzeitskleid in Säulenform ist von eleganter Raf-finesse geprägt. Eine Umgebung im Schloss passt genauso gut dazu wie eine moderne Location mit edlem Ambiente.

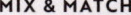

DER BRAUT-JUMPSUIT

...ist vor allem bequem und gut zu tragen – ideal für die selbst-bewusste, moderne Braut in fu-turistischem Flair.

MIX & MATCH

...macht Spaß und ermöglicht es, auch nach der Hochzeit noch etwas von seinem Hoch-zeitsoutfit zu haben. Denn Röcke, Blusen, Tops und Hosen werden nach Belieben mit-einander kombiniert.

#35 Neues Kleid, neues Glück

Nichts, aber auch gar nichts kann das magische Strahlen einer Braut überbieten, denn jede auf ihre Art wird wunderschön aussehen!

EIN PAAR GEDANKEN ZUM KAMPF UM DIE PASSENDE BRAUTKLEIDGRÖSSE:

♥ Habt keine falsche Scham und vertraut auf euer Selbstwertgefühl

♥ Vergleicht euer Traumkleid nicht an jemand anderem

♥ Wenn ein Brautladen keine Kleider für eure Körperform anbietet, rennt und kommt nie wieder

Schnappt euch eure liebsten Mädels und die Mama – Menschen, die euch lieben, so wie ihr seid – und macht einen tollen Mädelstag aus der Brautkleidsuche. Zweifellos werdet ihr das eine Kleid finden, das zu eurer Persönlichkeit passt und eure einzigartige Schönheit hervorheben wird.

KAPITEL 5

MICRO WEDDING

In Zeiten der Pandemie hat keine andere Frage Brautpaare mehr beschäftigt als: Was soll nun aus unserer geplanten Hochzeit werden? Und auch wenn große Feste abgesagt wurden, die Liebe wird nie gecancelt, und aus dieser Not entstand die Magie von intimen Hochzeitsfesten, auch Micro Weddings genannt.

#36 Minimony-Hochzeit, Elopement, Micro Wedding

Eine Hochzeit kann groß oder klein gefeiert werden. Während groß einfach nur groß ist, differenzieren wir bei den kleinen doch noch einmal. Minimony-Hochzeit, Elopement, Micro Wedding – was aber sind die Unterschiede?

MINIMONY-HOCHZEIT

... wird in kleinster Gesellschaft mit bis zu zehn Personen, also nur mit den engsten Liebsten, gefeiert. Das kann zum Beispiel die Zeremonie im Standesamt sein. Sobald die Umstände es zulassen, wird diese Hochzeit möglicherweise ein Jahr oder mehrere Monate nach der Standesamtzeremonie fortgesetzt und auch so benannt: die Fortsetzungshochzeit (Sequel Wedding). Diese Hochzeitsfeier ist also der zweite Teil, vielleicht mit kirchlicher oder freier Trauung in größerem oder großem Rahmen.

ELOPEMENT

... gehört zur klassischen Art des Durchbrennens, kann aber natürlich auch mit ein oder zwei liebsten Menschen zusammen gefeiert werden. Heute ist es nicht notwendig, daraus ein spontanes Geheimnis für zwei zu machen. Bei dieser Variante reisen Paare gerne für das Jawort im kleinsten Kreis ins Ausland. Es kann aufwendig oder spartanisch geplant sein und ganz nach euren Wünschen gestaltet werden. Wenn der Zielort der Hochzeit im Ausland ist, kann man auch gleich die Flitterwochen anhängen.

MICRO WEDDING

... ist genau das, wonach es sich anhört: eine Hochzeit im kleinen Personenkreis mit weniger als 20 Gästen. Das Konzept ist ebenso aus der Pandemiezeit heraus entstanden, in der unzählige von Hochzeiten gecancelt wurden oder unaufschiebbare Feste im kleineren Kreis stattfinden mussten.

Zusammengefasst: die Micro Wedding ist ein Ganzes an einem Tag, die Minimony der Vorläufer einer noch nachfolgenden (größeren) Hochzeit, und das Elopement steht fürs Durchbrennen zu zweit oder im allerkleinsten Kreis.

#37 Die Magie einer Micro Wedding

In einer Micro Wedding steckt so viel Magie, denn ihr teilt dieses Erlebnis nur mit einer Handvoll eurer Liebsten. Mit einer kleinen Hochzeitsgesellschaft wird es oft viel intimer, und die Emotionen sind mindestens genauso bedeutsam wie in einem großen Rahmen.

PERSONALISIERTE DETAILS UND EINMALIGKEITEN

Ihr wollt den berühmten Fotografen, den teuren Champagner und eine Tischdeko aus Pfingstrosenfeldern? Aufgrund der kleineren Gästezahl könnt ihr mit eurem Budget viel mehr auffahren als bei einer größeren Hochzeit. Denn nur weil klein, muss es nicht spartanisch sein.

EIN EXKLUSIVES GÄSTEERLEBNIS

Bei der Planung einer Micro Wedding sind eurer Fantasie kaum Grenzen gesetzt. Allein die kleinere Gästeliste eröffnet euch ganz neue Perspektiven für den passenden Veranstaltungsort. Warum also nicht auf der Dachterrasse eures Lieblingsrestaurants feiern? Oder ein Boot chartern und sich von einem Privatkoch ein köstliches Menü servieren lassen? Dann gibt es noch die romantische Bergspitze in den Alpen mit der kleinen gemütlichen Alm für ein unvergessliches Zusammensein. Auch kleine luxuriöse Boutiquehotels bieten herrliche Optionen für kleinere Feiern. Lasst eurer Fantasie freien Lauf.

Es gibt keine Regeln, wie ihr eure Micro Wedding organisieren möchtet. Wenn diese Art von Hochzeit genau das Richtige für euch ist, dann macht euch bereit, kreativ zu sein und euren großen Tag, von dem ihr schon immer geträumt habt, im kleinen und intimen Rahmen zu planen und zu feiern.

#38 In allerbester Gesellschaft

Auch wenn die Gästeliste klein gehalten wird, sind die Planungsaufgaben nicht unbedeutender. Mit einem guten Plan und professionellen Hochzeitsdienstleistern an eurer Seite, befindet ihr euch in bester Gesellschaft.

Trotz vieler Planungsaspekte, die ihr bei einem kleinen Hochzeitsfest genauso berücksichtigen solltet, bezieht sich das Prinzip „Weniger ist mehr" vor allem auf die Reduzierung der Gästeliste. Hinsichtlich dazu hier ein paar Ideen:

DIE ÜBERSCHAUBARE GÄSTELISTE

Der vielleicht schwierigste Teil der Planung einer Micro Wedding ist die Gästeliste, denn die Personenzahl liegt bei 20 oder weniger. Meine Empfehlung: Haltet die Liste kurz und streicht entfernte Verwandte und Schönwetterfreunde raus. Ansonsten nutzt gerne die beistehende Entscheidungshilfe.

DETAILS BESONDERS HERVORHEBEN

Auch im kleineren Rahmen könnt ihr alle schönen Details in eure Hochzeit mit einbeziehen. Konzentriert euch auf das Wesentliche, also auf die Dinge, die ihr besonders mögt und die euch wichtig sind. Wenn zum Beispiel die Hochzeitsdekoration das Augenmerk eurer Micro Wedding werden soll, dann richtet den Fokus auf Designdetails und ausdrucksstarke Elemente, die bei einem größeren Umfang vielleicht nicht ins Budget gepasst hätten. Ob nun unkompliziertes Comfort-Food oder ein Fünf-Gänge-Menü inklusive Gruß aus der Küche, so wie ihr es plant, ist es in Ordnung.

MITFEIERN AUS DER FERNE

Livestreams, Zoom-Trauungen oder Facebook Live können ein wichtiger Bestandteil einer Hochzeit im kleinen Kreis sein. Gäste, die nicht persönlich mitfeiern können, haben dennoch die Möglichkeit, aus (sicherer) Entfernung mit dabei zu sein.

Eine gut geplante Micro Wedding gibt Raum für Persönlichkeit und ermöglicht euch, die wahre Bedeutung einer Hochzeit miteinander zu genießen und obendrein noch genug Zeit für jeden einzelnen Hochzeitsgast zu haben.

#39 Die kleine, aber feine Gästeliste

Ihr habt euch für eine Micro Wedding entschieden, wisst aber nicht, wo ihr mit dem Kürzen der Gästeliste anfangen sollt? Die untenstehende Übersicht hilft euch, die Gästeliste mit gutem Gewissen überschaubar und klein zu halten.

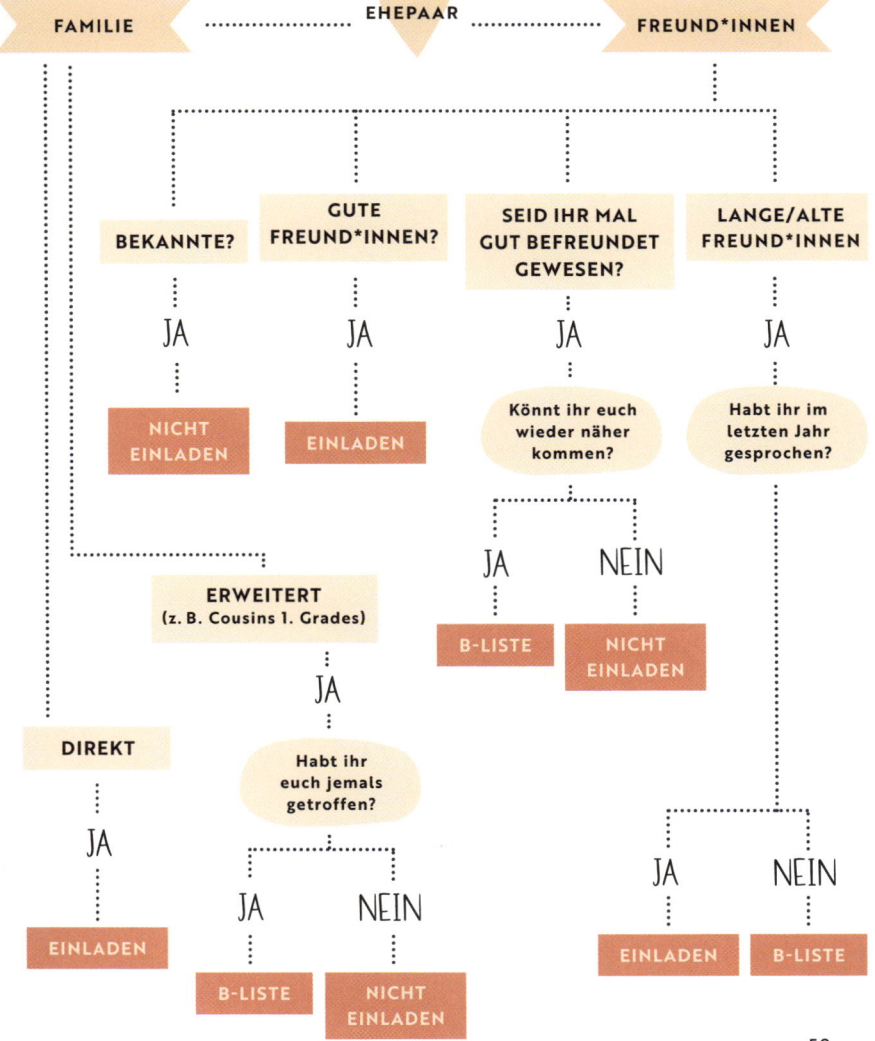

#40 Micro ist nachhaltig!

Micro Weddings sind nicht nur beliebt, weil sie in großer Intimität gefeiert werden. Sie sind vor allem auch nachhaltiger und ein hervorragendes Vorbild für ökologisches Heiraten.

DAS JAWORT DER UMWELT ZULIEBE

Es beginnt beim Sparen aller papierenen Ressourcen, weil die Papeterie auf ein Minimum reduziert wird. Viele einmalig verwendete Dekorationen werden nicht gebraucht. Umweltfreundliche Bräute bevorzugen nachhaltige Brautkleider im Mix-&-Match-Prinzip, um Teile davon auch nach der Hochzeit weiter zu tragen. Andere tragen Secondhandkleider, und auch für Bräutigame gibt es Möglichkeiten, ihren Hochzeitsanzug auszuleihen, zum Beispiel beim lokalen Herrenausstatter. Essensreste gibt es so gut wie keine, und Speisen müssen nicht warmgehalten werden, weil das Büfett ausfallen kann und jeder bestellt, was ihm mundet. Regionale Anbieter vor Ort werden saisonal unterstützt. Die Anfahrt vieler Gäste fällt einfach weg, weil die Gästeliste verschwindend klein ist. Das reduziert auch den Reinigungsaufwand und spart Wasser.

FAIRHEIRATEN IST „ECOZENTRISCH" GENIAL UND KEIN BLA BLA

Micro Weddings sparen nachweislich von der Herstellung, dem Verbrauch bis hin zur Entsorgung aller Details durchschnittlich über 60 Tonnen Kohlendioxid und 200 kg Müll – für eine einzige Hochzeit.

KAPITEL 6

PLANUNG IST ALLES

Die Planung einer Hochzeit ist ein kleines Wunder, das man als Brautpaar vollbringt, denn die gesamte Organisation ist manchmal doch aufwendiger, als man denken würde. Dieses Kapitel hält euch den Rücken frei und macht euch startklar für euer großes Abenteuer „Hochzeit". Und auch wenn etwas mal nicht so läuft wie geplant: Setzt eure Partyhütchen auf, steht drüber und party on.

#41 Ein Motivationsschub von Herzen

Hand hoch, wenn euch eure Hochzeitsplanungen schon mal in den Wahnsinn getrieben haben! Die To-do-Liste hat sich ganz magisch verselbstständigt? Oder euer Schatz hyperventiliert schon wieder, weil das Pinterestboard die hundert Kilometermarke überschritten hat? Und dann ist da noch die Schwiegermama, die bereits zum dritten Mal in dieser Woche anruft und fragt, wie die Hochzeitsvorbereitungen laufen? Ich fühl das! Damit seid ihr nicht allein!

> „DENKE LIEBER AN DAS, WAS DU HAST, ALS AN DAS, WAS DIR FEHLT. SUCHE VON DEN DINGEN, DIE DU HAST, DIE BESTEN AUS UND BEDENKE DANN, WIE EIFRIG DU NACH IHNEN GESUCHT HABEN WÜRDEST, WENN DU SIE NICHT HÄTTEST.“
>
> MARK AUREL

Es ist absolut normal, dass ihr ab und an von eurer Hochzeitsplanung überwältigt sein werdet – erst recht bei der ganzen Flut an Entscheidungen, die für einen so großen Tag getroffen werden müssen. Es passiert allzu schnell, dass der Stress in dieser hektischen Zeit außer Kontrolle gerät. Doch das einzig Wichtige ist, dass ihr mit jeder Entscheidung auf dem richtigen Weg seid und vor Begeisterung die Tage bis zur Hochzeit zählen werdet. Ihr schafft das, da bin ich mir ganz sicher!

#42 Zeitplan für die Hochzeitsplanung

Wusstet ihr, dass ein maßgeschneidertes Hochzeitskleid im Durchschnitt bis zu sechs Monate oder länger in der Anfertigung braucht? Da kann es schon mal zu der einen oder anderen Panikattacke kommen, wenn der Traum vom Kleid größer ist als die vorhandene Zeit.

Eine Hochzeit ist selten in nur einer Woche geplant. Die meisten Hochzeitspaare sind während ihrer Hochzeitsplanung einfach nur gestresst. Positiv gesehen, lässt sich dieser Stress allerdings mit vernünftigem Zeitmanagement erheblich minimieren, und man kann sich voller Vorfreude und einem Kribbeln im Bauch auf all das Schöne konzentrieren. Denn statt „Augen zu und durch" fahren wir lieber das Motto „Augen auf und eine fantastische Verlobungs- und Planungszeit genießen".

EUER FAHRPLAN RICHTUNG HOCHZEIT

Zu wissen, was man will, ist die Basis für einen guten Hochzeitsfahrplan, der übrigens genauso individuell ist wie eure Hochzeit selbst. Genau deswegen ist dieser 12-Monats-Fahrplan nur eine Orientierung voller Optionen, die auf euren geplanten Tag zutreffen können, aber nicht müssen.

NACH DER VERLOBUNG
- ♥ Legt euer Budget fest.
- ♥ Stellt eure Gästeliste zusammen.
- ♥ Erstellt ein Moodboard mit eurer Hochzeitsvision.
- ♥ Legt euer Hochzeitsdatum fest (und habt ein paar Alternativen zur Auswahl).
- ♥ Recherchiert nach eurer Hochzeitslocation.

6–9 MONATE DAVOR

- ♥ Versendet euer „Save the Date" an die Gäste.
- ♥ Bucht euren Termin beim Standesamt.
- ♥ Bestellt das Hochzeitskleid.
- ♥ Überlegt euch einen Look für eure Trauzeugen/Bridal Party und kommuniziert eure Wünsche.
- ♥ Plant eure Trauung mit eurem Zelebranten/Priester.
- ♥ Plant eure Flitterwochen.
- ♥ Recherchiert Hochzeitsfrisuren und bucht euch Profis für Haare & Make-up.
- ♥ Entscheidet euch für eine Hochzeitstorte und bucht euren Konditor.
- ♥ Entscheidet euch für ein Catering.
- ♥ Designt eure Hochzeitseinladung.

9–12 MONATE DAVOR

- ♥ Legt euer Designkonzept und die Farbpalette eurer Hochzeit fest.
- ♥ Macht ein Verlobungsfoto-shooting.
- ♥ Erstellt eine Hochzeitswebseite.
- ♥ Wählt eure Trauzeugen/Bridal Party/Blumenkinder/Ringträger.
- ♥ Geht auf Brautkleidsuche.
- ♥ Finalisiert eure Gästeliste.

12+ MONATE DAVOR

- ♥ Bucht eure Hochzeitslocation und den Trauungsort.
- ♥ Bucht einen Zelebranten/Priester für eure Trauung(en).
- ♥ Findet und bucht eure wichtigsten Hochzeitsdienstleister: Fotografen, Videografen, Hochzeitsplaner, Floristen, Eventstylisten, Entertainment.
- ♥ Reserviert Hotelzimmer für eure Gäste, die aus der Ferne anreisen.

4–6 MONATE DAVOR

- ♥ Versendet eure Einladungen an die Gäste.
- ♥ Bucht eine Hochzeitsversicherung.
- ♥ Bestellt bei eurem Floristen die Blumen und Elemente für euer Hochzeitsdesign.
- ♥ Jetzt sollten auch der Bräutigam und seine Jungs sich Gedanken über ihre Outfits machen.
- ♥ Erstellt euch eine Liste von Mietsachen (Tische, Stühle, Geschirr, Dekorationen) und reserviert alles beim Eventverleih.
- ♥ Bucht eure Flitterwochen (Flüge, Unterkunft) und kontrolliert eure Reise- und Impfpässe auf Gültigkeit.
- ♥ Bucht euch ein Zimmer für die Hochzeitsnacht.
- ♥ Finalisiert euer Menü/Büfett und arrangiert ein Probeessen mit eurem Caterer.
- ♥ Meldet euch für Tanzstunden an.
- ♥ Erster Anprobetermin für das Brautkleid.

2–4 MONATE DAVOR

- ♥ Organisiert all eure Schmuckstücke, Schuhe und Accessoires für euren Hochzeitslook.
- ♥ Macht Termine für alle Kosmetik- und Haarbehandlungen (Gesichtspflege, Haarfarbe etc).
- ♥ Kauft oder schmiedet eure Trauringe.
- ♥ Plant und organisiert Gastgeschenke für eure Gäste.
- ♥ Zweiter Anprobetermin für das Brautkleid.

1–2 MONATE DAVOR

- ♥ Finaler Anprobetermin für das Brautkleid und bestätigt euren Abholtermin.
- ♥ Denkt an passende Unterwäsche für das Brautkleid.
- ♥ Lauft neue Schuhe ein.
- ♥ Schreibt eure Eheversprechen.
- ♥ Erstellt eure Hochzeitsmusikwunschliste und schickt sie an euren DJ.
- ♥ Übt euren Hochzeitstanz.
- ♥ Kreiert eure Kirchen- und Trauhefte oder lasst diese anfertigen.
- ♥ Entscheidet euch für etwas Passendes zum Thema: etwas Altes, etwas Neues, etwas Geliehenes und etwas Blaues.
- ♥ Macht euch Gedanken zum Kinderprogramm an eurem Hochzeitstag.

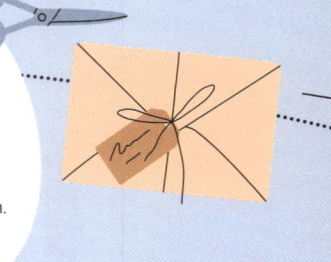

WENIGE WOCHEN DAVOR

- ♥ Macht eine Generalprobe für die Trauung.
- ♥ Packt eure Koffer für die Flitterwochen.
- ♥ Bereitet eure Hochzeitsreden vor.
- ♥ Bestätigt und bezahlt offene Rechnungen.
- ♥ Bereitet Umschläge für Trinkgelder vor.
- ♥ Schickt eure Foto-Wunschliste zum Fotografen.
- ♥ Letzter Touch-up beim Friseur.
- ♥ Schließt alle offenen DIY-Projekte ab.

1 MONAT DAVOR

- ♥ Genießt euren Junggesellenabschied.
- ♥ Macht ein Probestyling für Make-up und Haare.
- ♥ Finalisiert eure Trauung ein letztes Mal mit eurem Zelebranten/Gläubigen.
- ♥ Feiert einen Polterabend mit guten Freunden.
- ♥ Organisiert Geschenke für Eltern, Trauzeugen, Bridal Party etc.
- ♥ Stellt Willkommenspakete zusammen für die Gäste, die in Hotels übernachten.
- ♥ Kontaktiert Gäste, die noch nicht auf eure Einladung reagiert haben.
- ♥ Erstellt den Tischplan für die Hochzeitslocation.
- ♥ Kommuniziert die finale Gästezahl an eure Hochzeitsdienstleister (Catering, Konditor, Hochzeitslocation, ...).
- ♥ Bereitet alle Namenskarten für die Tischordnung vor.
- ♥ Meldet euch bei euren Hochzeitsdienstleistern mit eventuellen Updates.
- ♥ Organisiert und bucht alle Transportmöglichkeiten.

WENIGE TAGE DAVOR

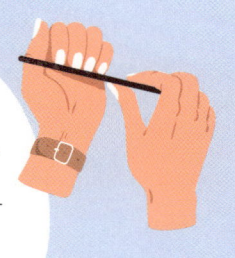

- ♥ Packt das Erste-Hilfe-Set.
- ♥ Entfernt mit einem Dampfglätter alle Knitterfalten aus dem Brautkleid.
- ♥ Letzte Besprechungen mit der Hochzeitslocation und den Organisatoren für die Trauung.
- ♥ Verwöhnt euch mit Maniküre, Pediküre und plant eine Nacht mit mindestens acht Stunden Schlaf vor dem Hochzeitstag ein.

AM HOCHZEITSTAG
Habt Spaß und noch mehr Spaß!

NACH DER HOCHZEIT

- ♥ Genießt eure Flitterwochen.
- ♥ Bezahlt alle offenen Rechnungen.
- ♥ Gebt das Brautkleid in die Reinigung.
- ♥ Verewigt eure Hochzeitsblumen.
- ♥ Sendet Dankeskarten an euer Hochzeitsteam oder besser: Hinterlasst eine Online-Bewertung.
- ♥ Gebt alle Mietsachen zurück an ihre Besitzer.
- ♥ Erstellt eine Liste mit Namen, wer euch was geschenkt hat.
- ♥ Wenn ihr aus den Flitterwochen zurückkommt, bedankt euch bei euren Gästen.

#43 Die Hochzeitseinladung

Der erste Eindruck zählt! Die Einladungen sind der erste Eindruck, den eure Gäste von eurer Hochzeit haben werden, und schüren ihre Erwartungshaltungen an euer Event.

Sobald euer Hochzeitsdatum und die Hochzeitslocation feststehen, ist es an der Zeit, die Neuigkeiten bekanntzugeben. Während Einladungen traditionell gedruckt und versendet werden können, gibt es auch die Möglichkeit, eure Gäste digital in Form von E-Mails oder Hochzeitswebseiten zu informieren.

> **WENN BIS ZUM GROSSEN TAG NOCH MEHR ALS SECHS MONATE VERGEHEN, IST ES EINE GUTE IDEE, EURE GÄSTE MIT EINER VORANKÜNDIGUNG, AUCH „SAVE THE DATE" GENANNT, ÜBER EURE PLÄNE ZU INFORMIEREN.**

WAS SOLLTEN EURE GÄSTE WISSEN?

Es gibt viele Möglichkeiten eure Hochzeitseinladung zu formulieren. Einige wichtige Eckdaten sollten jedoch in jeder Einladung klar und verständlich stehen:

- Eure Namen
- Der Name des eingeladenen Gastes (bei Pärchen oder Familien natürlich alle Namen derjenigen, die eingeladen sind)
- Das Hochzeitsdatum
- Die Hochzeitslocations (jeweils für Trauung und Feier, falls es mehrere Veranstaltungsorte gibt)
- Die Startzeit mit Angabe der Location
- Der Hochzeitsstil und eventueller Dresscode
- Informationen zu Übernachtungsmöglichkeiten
- Angaben für die Rückantwort (über Telefon, SMS, E-Mail oder per Post) mit zeitlicher Frist
- Angaben zu den Hochzeitsgeschenken
- Transport und Parkmöglichkeiten
- Nachfrage bezüglich Allergien

Selbstverständlich könnt ihr auch noch weitere für euch wichtige Details über eure Hochzeit preisgeben, sodass alle gut gerüstet sind und wissen, wohin die Reise geht.

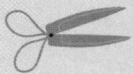

#44 Mit Liebe zum Papier

Die digitale Kommunikation kann unglaublich praktisch sein, wenn es darum geht, in Sekundenschnelle euer Hochzeitsdatum bekanntzugeben. Aber vielleicht macht das Verschicken eurer Einladungen über den altbewährten Postweg dieses Ereignis noch ein wenig aufregender und spannender – und eure wunderschönen Einladungen bleiben euch und euren Gästen stets als Erinnerung erhalten.

Mit dieser Variante habt ihr die Wahl zwischen individuell von einem Designer angefertigten Einladungen, oder ihr wählt aus einer Sammlung von Einladungsdesigns ein passendes aus und ändert nur bestimmte Elemente und Textstellen.

INDIVIDUELL UND STRESSFREI

Die Auswahl von hochwertigen Papiersorten, Schriftarten, Grafiken und Farben – individueller kann es nicht werden. Eine Einladung, die ihr von einem Designer gestalten lasst, wird zu einem atemberaubenden und einzigartigen Kunstwerk, die eure Liebesgeschichte erzählt und sogar den Stil eurer Hochzeit haargenau reflektiert. Mit einem professionellen Papeteriedesigner seid ihr auf jeden Fall in sicheren Händen. Eine schönere Art der Vorfreude, könnt ihr euren Gästen kaum anderweitig zukommen lassen. Nach der Hochzeit wird sie meist aufbewahrt und wird zu einer greifbaren Erinnerung an diesen ganz besonderen Tag.

KEINE ANGST VOR DIY

Die weitaus günstigere Art, Hochzeitseinladungen zu gestalten, ist, sie selbst zu designen (mithilfe von Programmen wie Canva, Adobe Photoshop und Adobe InDesign). Oder wählt ein bereits vorgefertigtes Design aus einem der vielen Online-Kartendesign-Druckservices aus und personalisiert es mit euren Details.

#45 Es geht auch papierlos

Die Haptik und Schönheit der Papeterie einer Hochzeitseinladung ist natürlich ein Argument für die analoge Variante. Aber eine zauberhafte Optik erhaltet ihr auch bei Einladungen ohne Papier!

Porto und Papier sparen hilft euch, das Hochzeitsbudget im Griff zu halten. Und im modernen Zeitalter ist eine digitale Hochzeitseinladung auch kein billiger Abklatsch. Eher clever und praktisch. Denn digitale Einladungen gibt es auch inklusive digitaler Briefumschläge, einer Briefmarke und personalisierter Versiegelung. Mit diesen Gestaltungsmöglichkeiten versendet ihr eure Einladungen hübsch verpackt per E-Mail und bekommt sogar eine Lesebestätigung. Da kann doch keiner mehr sagen, die Einladung sei nicht angekommen. Ein weiterer Vorteil ist, dass ihr auf diese Weise keine Platznot habt, denn ihr könnt auf diese Art auch zusätzliche Gimmicks versenden, mehr Bilder ins Design einfügen oder besondere Effekte einbauen.

Unabhängig davon, ob ihr eure Einladungen individuell anfertigen lasst, eine Vorlage selbst personalisiert oder sie digital versendet, dieser Teil ist eine aufregende Zeit eurer Hochzeitsplanung, in der sich all eure Visionen für euren großen Tag zum ersten Mal zusammenfügen.

#46 Alles digital – Hochzeitswebseiten

Hochzeitswebseiten sind richtig praktisch und haben einen unterhaltsamen Mehrwert für Brautpaare und Gäste. Kurzum: Wenn ihr es digital mögt, könnt ihr mit einer Hochzeitswebseite Zeit und Geld sparen.

Neben unzähligen, kostenlosen Homepage-Baukästen, die ihr spielerisch und ohne Programmierkenntnisse gestalten könnt, bieten Hochzeitswebseiten zusätzlich Funktionalitäten, die obendrein eure Planung und sogar das „Leben danach" vereinfachen.

Ihr behaltet eure Gästeliste bequem im Auge, und kurzfristige Informationen und Änderungen lassen sich ganz einfach an die Hochzeitsgesellschaft kommunizieren. Klingt super, oder?

DIE FOLGENDEN DETAILS SOLLTEN AUF KEINER HOCHZEITSWEBSEITE FEHLEN

- ○ Eure Namen und Lovestory, kurz und knapp mit Fotos aufgehübscht
- ○ Hochzeitsdatum und Uhrzeit (und Zeitplan des Hochzeitstages)
- ○ Hochzeitslocation(s) mit Adresse und Anfahrtsbeschreibung
- ○ Übernachtungsmöglichkeiten für Gäste, die von fern anreisen
- ○ Möglichkeit für die Gäste, ihr Kommen zu bestätigen oder eine Absage zu erteilen
- ○ Kontaktinformationen zur beidseitigen Kontaktaufnahme
- ○ Kleiderordnung (falls ihr eine wünscht)
- ○ Vorstellung der Trauzeugen (optional)
- ○ Galerie für eure Hochzeitsfotos und -videos (optional)
- ○ Digitales Gästebuch (optional)

Auch nach dem Tag der Tage bleibt euer Webauftritt eine schöne Erinnerung, für euch und für eure Gäste. Auf diese Art könnt ihr eure Hochzeitsfotos mit allen teilen, und auch das digitale Gästebuch wird niemals abgenutzt im Regal verstauben.

#47 Verträge:
Theorie und Praxis

Für jeden Dienstleister, den ihr engagiert, jede Location, die ihr bucht, jedes Kleidungsstück, das ihr anfertigen lasst, muss ein schriftliches Vertragsdokument vorliegen. Ohne Unterschrift oder Anzahlung, habt ihr keine Garantie dafür, dass der Service oder das Produkt am Tag eurer Hochzeit zur Verfügung gestellt wird.

MIT EINEM VERTRAG STELLT IHR SICHER, DASS IHR DAS BEKOMMT, WOFÜR IHR BEZAHLT, UND ER BIETET SICHERHEITEN AUF BEIDEN SEITEN.

Um Missverständnisse zu vermeiden, sollte alles, was im Angebotspreis enthalten ist, bis ins kleinste Detail aufgelistet werden. Der Brautstrauß soll weiße Pfingstrosen enthalten? Dann wird das im Vertrag festgelegt. Ebenso wichtig ist eine detaillierte Leistungsbeschreibung inklusive Alternativen für den Notfallplan, erforderliche Versicherungsnachweise und bei Dienstleistungen, die ohne Personen am Hochzeitstag selbst erbracht werden, einen Ansprechpartner mit Telefonnummer, sodass ihr den Anbieter anrufen könnt, wenn etwas schiefgeht oder sich verzögert. Im Fall eines Problems werden euch diese kleinen Dinge schützen.

WEITERE WICHTIGE INFORMATIONEN

○ Datum und Uhrzeit der Hochzeit

○ Datum und Ankunftszeiten für alle zu erbringenden Services

○ Dienstleistung oder das Produkt

○ Namen aller beteiligten Personen/Parteien

○ Preis und Zahlungsmodalitäten wie Anzahlung, Restzahlung oder Zahlungsplan

○ Höhere-Gewalt-Klausel

AUFS KLEINGEDRUCKTE ACHTEN

Habt keine Angst davor, Klauseln freundlich zu verhandeln, und räumt alle Unklarheiten aus dem Weg. Wenn alles top ist, werden zwei Kopien des Vertrages von allen Beteiligten unterschrieben und datiert.

#48 Beauty-Tipp: Zeigt her eure Ringfinger

Eure Hände und der Ringfinger sind am Hochzeitstag ein Mittelpunkt, zumindest wenn es um den Ringtausch geht. Oft rückt der Fotograf/Videograf zum Ringtausch doch etwas näher an euch heran, und dafür sollten eure Hände und Nägel genauso schön sein wie alles andere. Meine Empfehlung für euch beide: Auch wenn das sonst nicht euer Ding ist, macht eine Ausnahme und bucht euch kurz vorm Hochzeitstag eine Maniküre.

#49 Marmelade im Einmachglas: meine ehrliche Meinung zu Gastgeschenken

Das Thema Gastgeschenke kann während der intensiven Hochzeitsvorbereitungen schon mal im Hintergrund verschwinden. Sie sind eine kleine, nette Geste an eure Gäste und verschönern auch als hübsches Hochzeitsdetail die Tische. Formelle Regeln für oder gegen Gastgeschenke gibt es nicht. Denn sie müssen nicht, sie dürfen. Keiner eurer Gäste wird erwarten, von euch beschenkt zu werden.

MEIN TIPP

Weniger ist mehr. Schenkt etwas Persönliches, Kreatives, Selbstgemachtes. Etwas, was eure Gäste lieben werden. Auch leckere, hausgemachte Marmelade gehört dazu. Das steigert den Unterhaltungswert der Gäste und bleibt in Erinnerung, zumindest bis das Glas leer ist.

HIER NOCH EIN PAAR WEITERE IDEEN

- ♥ Hausgemachter Eierlikör in Miniflaschen
- ♥ Selbstgemachte Soja-Duftkerzen
- ♥ Personalisierte Kaffeetassen
- ♥ Eine leckere Gewürzmischung im Glas
- ♥ Hübsche Sukkulententöpfchen oder Samen eurer Lieblingsblumen in kleinen Tütchen

Seid originell. Nichttraditionelle Gastgeschenke sind eine ausgezeichnete Gelegenheit, eurer Hochzeit noch mehr an persönlichem Flair zu verleihen.

#50 Warum eine Hoch- zeitsfotoliste wichtig ist

Genauso wichtig, wie ihr eure Stil- und Blumenwünsche mit eurem Hochzeitsteam durchsprecht, ist auch eine Hochzeitsfotoliste, die eurem Fotografen klarmacht, welche Fotos für euch erforderlich und wichtig sind. Ihr wollt schöne Porträtbilder mit der Oma? Dann teilt das unbedingt eurem Fotografen mit.

Eine gute Freundin hat vor Kurzem geheiratet, und obwohl sie mit all ihren Hochzeitsfotos generell zufrieden war, war sie in Tränen aufgelöst, da es kein einziges Porträtbild von ihr mit ihrer Mutter gab. Die einzigen Fotos von den beiden waren solche, in denen sie zwar ungezwungen beieinanderstanden, jedoch nicht in die Kamera schauten. Wenn ihr bestimmte Vorstellungen habt, erstellt unbedingt eine Hochzeitsfotoliste und übergebt diese an euren Fotografen, damit er weiß, was ihr von ihm erwartet und er sich vorbereiten kann. Alle Gäste machen sich hübsch für euren Hochzeitstag, lasst den Fotografen das Beste aus dieser Gelegenheit machen.

DIE FOTOWUNSCHLISTE

- ○ Gruppen- und Porträtfotos
- ○ Hochzeitspaar mit gesamter Hoch- zeitsgesellschaft
- ○ Hochzeitspaar mit jeweils seinen Großfamilien
- ○ Hochzeitspaar mit jeweils der un- mittelbaren Familien
- ○ Hochzeitspaar mit jeweils den Eltern
- ○ Hochzeitspaar mit jeweils allen Geschwistern einer Familie
- ○ Braut und/oder Bräutigam mit El- ternteil und Geschwistern einzeln
- ○ Hochzeitspaar mit jeweils beson- deren Gästen, wie Patenkinder, Omas, Opas, ...
- ○ Hochzeitspaar mit Trauzeugen
- ○ Braut und/oder Bräutigam mit Trauzeugen jeweils einzeln
- ○ Braut mit allen Brautjungfern und einzeln mit Brautjungfern
- ○ Bräutigam mit allen Groomsmen und jeweils einzeln mit Groomsmen
- ○ Hochzeitspaar mit Blumenmädchen

Je spezifischer ihr eure Wünsche für alle Bereiche eures Hochzeitstages kommuniziert, desto glücklicher seid ihr im Nachhinein mit euren Fotos.

#51 Was, wenn das Wetter tut, was es tut

Mit dem perfekten Allwetterplan gibt es kein schlechtes Wetter, sondern nur die falsche Kleidung.

Ihr wollt draußen im Garten unter dem magischen Lichterkettenzelt feiern? Nur weil Tante Irmgard bei 16 Grad nicht friert, heißt das nicht, dass auch Onkel Gustav mutig im ärmellosen Look daherkommt. Gebt solche Details an eure Gäste weiter, sodass sie sich ihren Temperaturansprüchen entsprechend in Schale schmeißen und unbeschwert mit euch feiern können.

EIN PAAR TIPPS FÜR DEN ALLWETTERPLAN

- ♥ Achtet auf Wettertrends, bevor ihr euer Hochzeitsdatum festlegt!
- ♥ Erstellt euch einen Back-up-Plan (Plan B), der zu eurem Budget passt!
- ♥ Organisiert euch jemanden, der dabei hilft, Plan B auszuführen!
- ♥ Hochzeit im Freien? Denkt bei der Planung an den Komfort eurer Gäste! Wählt eine Hochzeitslocation mit Innen- und Außenbereichen!

PLÖTZLICH REGEN: PLAN B

Wenn auch nur eine Stunde im Freien, zum Beispiel der Empfang, geplant ist, dann solltet ihr nicht anfangen zu improvisieren, sondern auf euren Schlechtwetterplan zugreifen. Denn auch wenn der Wetterbericht oft zu 100 % hinhaut, ist es unmöglich, die Wetterbedingungen beim Festlegen eures Hochzeitsdatums bereits zu kennen. Ihr investiert sehr viel Geld in eure Hochzeit, sodass es schade wäre, wenn ihr und eure Gäste während der Trauung unter der schönen alten Eiche von einem Regenschauer erwischt werdet. Sorgt daher frühzeitig für Alternativen wie eine nahegelegene Scheune, regendichte Zelte oder einen überdachten Ort, an den ihr beim Regenguss ausweichen könnt. Der Plan B ist jedenfalls nichts, das dem spontanen Zufall überlassen werden darf.

Für jede Wetterlage gibt es einen erstklassigen Plan, den ihr in Verantwortung für eure Gäste, in petto haben solltet. Ob Sonne, Regen, Sturm oder Schnee, mit der richtigen Vorbereitung feiert ihr glücklich und zufrieden bei jeder Wetterlage.

#52 Plan A, B und nun C

In der Pandemiezeit haben Brautpaare schmerzvoll gelernt, dass selbst ein Plan B manchmal nicht mehr ausreicht. Deshalb ganz neu im Programm: Plan C. Für Hochzeiten, die vielleicht verschoben werden müssen.

MEIN TIPP:
Liebt Plan B und C genauso wie Plan A!

WENN DIE HOCHZEIT SICH VERSCHIEBT

Auch wenn die Planung mit Plan C noch ein wenig aufwendiger wird, schützt ihr euch damit womöglich vor einer emotionalen Achterbahnfahrt.

MIT DIESEN TIPPS LASST IHR KEINE ZWEIFEL OFFEN UND SEID FÜR DEN FALL DER FÄLLE PERFEKT AUSGERÜSTET:

- ♥ Feiert regional, sodass mögliche Reisebeschränkungen nicht im Weg stehen.

- ♥ Sprecht offen und ehrlich mit euren Hochzeitsdienstleistern über Sicherheitsstandards und Möglichkeiten im Falle einer Verschiebung oder Ausfalles der Hochzeit.

- ♥ Versendet Einladungen virtuell.

- ♥ Plant die standesamtliche Trauung und die Hochzeitsfeier getrennt.

- ♥ Informiert euch und eure Gäste über aktuelle Impfverordnungen für die jeweiligen Locations.

- ♥ Erstellt die Tischordnung entsprechend der Haushaltsgruppen und erstellt ein gutes Hygienekonzept.

- ♥ Haltet die Gästezahl überschaubar. Die Wahrscheinlichkeit ist geringer, dass eine kleine Hochzeit abgesagt werden muss, als eine größere Veranstaltung.

- ♥ Überprüft alle getroffenen Vereinbarungen mit Sorgfalt.

- ♥ Bleibt zuversichtlich in jeder Lage.

#53 Zwei, drei oder gar vier Küsse. Und manchmal nur ein Händedruck

Die Hochzeitsplanung ist schon kompliziert genug, wenn allerdings noch Religionen, kulturelle Bräuche und ethische Gründe dazukommen, erhält sie gleich eine ganz andere Komplexität. Wie fantastisch euer Tag werden soll, hängt sehr viel davon ab, wie sehr sich eure Gäste wohlfühlen. Aber keine Sorge, es gibt schöne Möglichkeiten, verschiedene Kulturen zusammenzubringen.

BERÜCKSICHTIGT KULTURELLE HINTERGRÜNDE

Als Erstes ist es wichtig, dass ihr über die kulturellen und ethnischen Hintergründe eurer Gäste Bescheid wisst. Das betrifft vor allem das Unterhaltungsprogramm und das Essen. Denn vielleicht möchten oder dürfen einige Gäste zum Beispiel kein Fleisch essen. Beim Essen könnt ihr jedoch richtig kreativ werden und wirklich jeden glücklich machen. Auch die Tanzfläche ist für alle da, also sollte euer Unterhaltungsprogramm das widerspiegeln. Vielleicht bevorzugen einige eurer Gäste ein besonderes Entertainment, um sich wohl und heimisch zu fühlen.

HABT IHR FREMDSPRACHIGE GÄSTE? DANN SETZT SIE NEBEN MENSCHEN, DIE DIESELBE SPRACHE SPRECHEN. BEI DER PLATZVERGABE SOLLTEN SOWIESO DIEJENIGEN BEIEINANDERSITZEN, DIE SICH VERSTEHEN KÖNNTEN.

Unsere Welt ist bunt und vielfältig. Verschiedene Kulturen zu ehren ist großartig, und eine ausgeglichene Balance zwischen eurer eigenen Persönlichkeit und der eurer Gäste führt zu einer unvergesslichen Hochzeit voller Lebensfreude.

#54 Alles unter einen Schleier bringen

Auch wenn ihr das Zepter für jede Aufgabe selbst in der Hand halten wollt, ist es empfehlenswert, sich hier und da Hilfe zu holen.

Freunde, Verwandte, Hochzeitsplaner helfen gerne und freuen sich, wenn sie zum Erfolg eures Liebesfestes beitragen können. Der Druck, eine perfekte Hochzeit zu planen, kann euch als Paar schon mal verrückt machen, allerdings gibt es diese fünf Tipps, die dabei helfen, alles unter einen Schleier zu bekommen. Und denkt immer daran: Ihr seid gerade dabei, etwas Wundervolles auf die Beine zu stellen! Also, tief durchatmen und weiterlesen ...

VERMEIDET MULTITASKING
Auch bei der Hochzeitsplanung gilt: eins nach dem anderen. Wenn ihr zu viele Dinge auf einmal macht, kann das die Produktivität und die Qualität erheblich beeinflussen.

VERBRINGT ZEIT MIT EUREN LIEBSTEN
Es ist kein Geheimnis, dass das Zusammensein mit guten Freunden und der Familie zum allgemeinen Glücklichsein beiträgt. Plant also auch während der Hochzeitsplanung genug Zeit mit euren Liebsten ein und verbringt diese ruhig mal, ohne das Wort „Hochzeit" zu erwähnen.

ACHTSAMKEIT UND DANKBARKEIT
Sich in Achtsamkeit zu üben hilft euch nicht nur dabei, gesund zu bleiben, sondern euch auch in Ruhe auf eure Hochzeit vorzubereiten.

SEID KOMPROMISSBEREIT
Schraubt zu hohe Erwartungen (vor allem die an euch selbst) herunter, da sie zu Enttäuschungen führen könnten. Lasst Raum für Kompromisse.

MEDITIEREN UND RELAXEN
Zehn Minuten tägliches Meditieren löst Ängste und Stress. Auch ein warmes Bad, ein gutes Buch oder ein ausgedehnter Spaziergang sind tolle Möglichkeiten, die zur Entspannung beitragen, um dann mit voller Kraft voraus das nächste To-do eurer Hochzeitsplanung abzuhaken.

#55 Notfallset: für strahlende Hochzeitspaare

Dieses Ding ist ein echter Lebensretter! Vor allem, wenn ihr euch in einem Hotel oder außerhalb eurer eigenen vier Wände, auf die Trauung und den Hochzeitstag vorbereitet. Ein gut geplantes Notfallset werdet ihr im Falle der Fälle sowie bei Pannen heiligen.

Um euer Leben zu erleichtern, gibt es hier die passende Checkliste für alle wichtigen Essentials, die in eurem Überlebenstäschchen nicht fehlen dürfen:

- ○ Wasser
- ○ Müsliriegel
- ○ Lippenstift (lasst euch die Farbe vor der Hochzeit sagen, sodass ihr den passenden Lippenstift dabeihabt)
- ○ Blotting Paper
- ○ kleiner Handspiegel
- ○ Haarspray
- ○ Handdesinfektion
- ○ Haargummis & Haarnadeln
- ○ Minze & Traubenzucker
- ○ Deo
- ○ Mundschutz (optional, je nach Situation)
- ○ Nadel und Faden
- ○ Sicherheitsnadeln
- ○ Tampons/Binden

- ○ Blasenpflaster
- ○ Kopfschmerztabletten
- ○ Augentropfen (vor allem bei Hochzeiten im Freien)
- ○ Taschentücher
- ○ Wattestäbchen/Wattepads
- ○ Nagellack (wirkt Wunder bei Laufmaschen in der Strumpfhose)
- ○ Fleckenentferner
- ○ weiße Kreide (schnelle Lösung, um Schmutzflecken auf dem weißen Kleid zu verstecken)
- ○ Regenschirm
- ○ Ballerinas (eure Füße werden es euch danken)
- ○ Feuerzeug
- ○ etwas Bargeld (man weiß ja nie)

#56 Wenn Tante Marlene hungrig ist, wird sie zur Diva

Ein schöner Teller allein macht nicht satt. Die Kulinarik, die ihr euren Gästen bietet, gehört mit zu den wichtigsten Dingen eurer Hochzeitsplanung. Das soll nicht heißen, dass eure Liebsten nur wegen des Essens kommen werden. Gewiss nicht, allerdings ist eines sicher: Wenn Tante Marlene hungrig ist, wird sie zur Diva.

Lasst eure Gäste am Tag eurer Hochzeit nie hungrig werden. Stellt sicher, dass es für alle immer genug zu essen geben wird. Ich wiederhole: immer und viel! Das Essen ist nicht zuletzt eines der Dinge, an das sich jeder von eurer Hochzeit erinnern wird.

LEBENSMITTELALLERGIEN BERÜCKSICHTIGEN

Das Zusammenstellen von Köstlichkeiten, an denen sich all eure Gäste laben können, kann auch schon mal in Stress ausarten. Denn sicher wollt ihr keine Garnelenvorspeise servieren, wenn ein Drittel eurer Gäste womöglich eine Allergie gegen Krabbentiere hat. Den Stress nehmt ihr euch ganz einfach aus den Segeln, wenn ihr eure Gäste in der Hochzeitseinladung darum bittet, euch ihre Diätwünsche und Lebensmittelallergien zu verraten.

An eurem großen Tag habt ihr als Hochzeitspaar schon genug auf eurem Teller. Es kann also ratsam sein, dass eure Gäste einen anderen Ansprechpartner haben, der ihnen verrät, was auf ihren Tellern sein wird. Oder ihr verteilt hübsche Menükärtchen auf den Tischen.

DIE IDEEN SIND ENDLOS

Nun kann es an die Planung der kulinarischen Versorgung gehen. Von Grazing Tables und Finger Food über Hochzeitsbüfetts und Gourmetmenüs, BBQ-Grills und Foodtrucks bis hin zu Eisbars, Kuchen- und Dessertbüfetts – auch nach dem offiziellen Teil des Tages sollte immer etwas zum Verzehr bereitstehen. Am späten Abend kann zum Beispiel eine Burger-Bar den kleinen Hunger eurer Gäste stillen.

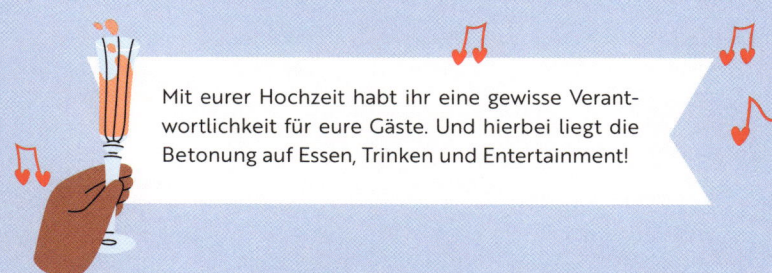

Mit eurer Hochzeit habt ihr eine gewisse Verantwortlichkeit für eure Gäste. Und hierbei liegt die Betonung auf Essen, Trinken und Entertainment!

Falls ihr eine große Hochzeit plant und nicht das Budget oder die Möglichkeiten habt, euren Gästen genug zu bieten, dann ist vielleicht die Option einer Micro Wedding oder eines Elopement eine gute Idee (siehe Seite 56).

#57 Schnappschüsse: Bild für Bild alle Momente genießen

Euer Hochzeitsfotograf wird euch mit hunderten unverzichtbaren und wunderschönen Hochzeitsfotos die Erinnerung an euren besonderen Tag versüßen. Allerdings ersetzen keine professionellen Fotos all die Schnappschüsse, die eure Hochzeitsgäste von sich selbst und einander machen werden. Mit ein wenig Vorbereitung eurerseits stehen die Chancen gut, dass ihr viele dieser magischen Momente aus den Augen eurer Liebsten ebenfalls miterleben könnt. Hier ein paar Tipps für euch!

ERSTELLT EUREN EIGENEN HOCHZEITS-HASHTAG
Eure Gäste können damit all ihre Bilder, die sie in den sozialen Medien posten, entsprechend markieren. Gebt den Hashtag in euren Einladungen und am Hochzeitstag auf Schildern bekannt.

EUER INDIVIDUELLES FOTOGÄSTEBUCH
Ausgestattet mit Softbildkameras, Stiften, Aufklebern und anderem Allerlei, bietet ihr euren Gästen die Möglichkeit, ein ganz individuelles Gästebuch zusammenzustellen.

PHOTO- UND VIDEOBOOTHS
Sie kommen oft mit lustigen Requisiten und sorgen für viel Spaß unter den Gästen. Die sofort gedruckten Fotos sind ein schönes Andenken für eure Liebsten, und ihr bekommt nach der Hochzeit alle digitalen Bilder davon.

ALLES IN DER CLOUD
Sendet bereits vor der Hochzeit euren Gästen einen Cloud-Link und bittet sie darum, ihre eigenen Fotos und Videos vom Hochzeitstag dort hochzuladen. Einen kostenlosen Service bietet zum Beispiel Dropbox oder Google an.

Das ist einer meiner liebsten Hochzeitsplanungshacks. Denn auch Jahre später werdet ihr viel Freude daran haben, all die tollen Schnappschüsse eurer Gäste anzusehen, und staunend zurückblicken, was während der Feierlichkeiten noch alles passiert ist.

#58 Die Generalprobe

Ein wichtiger Planungshack für eure Hochzeit, der für inneres Gleichgewicht sorgt. Damit stellt ihr sicher, dass eure Trauung und die Feier reibungslos ablaufen und jeder aus eurer Hochzeitscrew weiß, was wann zu tun ist.

DER SCHLÜSSEL FÜR EINE TRAUMHOCHZEIT LIEGT IM DETAIL.

Tatsächlich werden viele Details bei einer gut geplanten Generalprobe geglättet und vervollkommnet. Und ja, der Aufwand und die Zeit sind es Wert, möglichen Stress zu vermeiden. Ihr habt nicht nur die Möglichkeit, eure Nerven zu trainieren, vielmehr wird vor allem eure Trauung mit einem Probedurchlauf viel tiefenentspannter. So wissen alle ganz genau, wo sie wann hingehen sollen und wo zu sitzen oder zu stehen ist. Die Generalprobe ist als Teil der Hochzeitsplanung von unschätzbarem Wert, der zudem auch noch Spaß macht und die Vorfreude auf den großen Moment noch mehr anstachelt.

#59 Heute bastel ich, morgen back ich, und übermorgen heirate ich

Seit vielen Monaten fiebert ihr diesem einen Tag entgegen. Die Aufregung steigt. Habt ihr an alles gedacht? Ich bin mir sicher! Ganz wichtig: Verfallt nicht in Panik!

Der letzte Tag vor der Hochzeit sollte so entspannt wie möglich sein. Klar, nach alter Tradition müsstet ihr eigentlich an eurem letzten Tag in „Freiheit" noch mal so richtig auf den Putz hauen und den Junggesellenabschied begehen. Aber der liegt bestimmt schon hinter euch. Also gibt es morgen auch keinen Kater mit dickem Kopf. Ihr könnt den Tag vor der Hochzeit entspannt als Paar verbringen oder mit euren Trauzeugen, Freunden und Familien. Falls ihr doch noch etwas zu erledigen habt, macht das am besten vormittags.

Dieser Tag ist nicht dafür da, um noch hektisch letzte Details oder DIYs übers Knie zu brechen. Alles Wichtige für den großen Tag ist bereits erledigt. Es gibt also keine Ausrede zum Entspannen! Macht euer Beautyprogramm, geht spazieren, schön essen – etwas, was euch Spaß macht. Am besten geht ihr früh ins Bett, dann seid ihr am Hochzeitstag auch frisch und munter.

#60 Eure Packliste für den Hochzeitstag

Diese Checkliste ist Gold wert, denn sie stellt sicher, dass ihr alles, was ihr persönlich für euren großen Tag braucht, parat habt. Versucht in der Woche vor der Hochzeit, so viele Punkte wie möglich von dieser Liste zu streichen, damit am Ende keine Hektik aufkommt.

NOTWENDIGES

- ○ Hochzeitskleid/Hochzeitsoutfits
- ○ Schleier/Haarschmuck
- ○ Accessoires für die Outfits (Manschettenknöpfe, Fliege, Krawatte, Socken, Strumpfband, Hochzeitsschuhe, Unterwäsche, Make-up, Clutch, Schmuck, Pyjamas, Brautrobe, Bademantel, Sonnenbrille)
- ○ Verlobungsring/Trauringe
- ○ Gästebuch

- ○ Mögliche Geschenke für eure liebsten Helfer
- ○ Blumensträuße, Blumenanstecker, andere Blumenaccessoires
- ○ Notfallset
- ○ Brille/Kontaktlinsen
- ○ Führerschein und Ausweisdokumente
- ○ Bankkarte und Bargeld
- ○ Outfits für den Tag danach

#61 Alles wird gut

Der Countdown beginnt! In wenigen Augenblicken werdet ihr euch in euren wunderschönen Hochzeitskleidern gegenüberstehen, tief in die Augen sehen und endlich Ja sagen. Endlich ist alles in trockenen Tüchern.

> **MEIN RAT AN EUCH, DEN ICH NICHT OFT GENUG SAGEN KANN: ENTSPANNT EUCH, DENN ALLES WIRD GUT. VIEL TRINKEN, GESUND ESSEN, GESUND SCHLAFEN, EINATMEN UND AUSATMEN ... REPEAT!**

Ich bin davon überzeugt, dass es für jeden die Märchenhochzeit gibt. Und auch wenn manche Dinge vielleicht nicht wie geplant laufen werden und jede kleine Änderung sich wie die größte Sache der Welt anfühlen wird, ist dieser Tag der Beginn von etwas Wundervollem – eurer Ehe. So klischeehaft es auch klingen mag: Bei eurer Hochzeit wird das Wichtigste richtig laufen. Ihr werdet euren wunderbarsten Menschen der Welt heiraten, umgeben von Menschen, die ihr liebt.

KAPITEL 7

SPAR-HACKS

Ja, eine Hochzeit kann teuer werden. Sehr teuer. Glücklicherweise gibt es viele clevere Hacks, um Geld zu sparen. Dieses Kapitel verrät euch, dass jeder Cent bei den Hochzeitskosten zählt.

#62 Should you stay, or should you go

Kaum ist das Budget abgeschlossen, ist es bereits wieder überschritten. Kosten für eure Hochzeit einzusparen, soll euch nicht dazu verleiten, auf schöne Details zu verzichten. Schaut euch lieber noch mal eure Gästeliste an! Die gehört nämlich zu den größten Sparhacks, wenn es um das Hochzeitsbudget geht.

WER HEIRATET, DARF AUCH AUSLADEN!

Seid ehrlich mit euch. Habt ihr Gäste auf der Hochzeitsliste, die ihr schon seit Ewigkeiten nicht mehr getroffen habt? Finden sich hier Personen, die ihr aus Höflichkeit einladet, weil „man das ja so macht"? Eure Gästeliste zu kürzen, ist die perfekte Möglichkeit, Kosten einzusparen. Ladet daher wirklich nur ein, wen ihr an eurem großen Tag dabeihaben wollt, und schon habt ihr das Budget wieder im Griff. Wenn ihr euch nur schwer entscheiden könnt, werft noch mal einen Blick auf Seite 59 – da gibt es eine Entscheidungshilfe zum Kürzen der Gästeliste.

#63 Mit dem Hochzeits- datum sparen

Günstiger heiraten funktioniert auch mit dem richtigen Datum. Es gibt tatsächlich immer wieder Tage, die für ein und dieselbe Hochzeit günstiger sind als andere. Vor allem Hochzeitslocations und bestimmte Hochzeitsanbieter arbeiten mit Hauptsaison und Nebensaison.

Das bedeutet für euch, dass die Hauptsaison für Hochzeiten (Mai bis August) immer teurer ist als die Nebensaison (September bis April). Natürlich gibt es Tricks, damit ihr in der Hauptsaison trotzdem günstiger heiraten könnt. Der Samstag ist der heißestbegehrte Wochentag zum Heiraten. Wenn ihr also unter der Woche heiratet, kann sich das sehr schnell in einem besseren Preis bemerkbar machen. Dann solltet ihr nur euren Gästen ausreichend Vorlauf geben, sich diesen Tag frei zu nehmen. Ansonsten hat eine Herbst- oder Winterhochzeit auch etwas ganz Besonderes.

#64 Do it yourself:
Seid euer eigener Stylist

Wenn ein Maskenbildner nicht in euer Budget passt, ist das hier euer Ding. Manche Leute fühlen sich sehr wohl dabei, sich selbst für ihre Hochzeit zu stylen. Und seien wir ehrlich, niemand kennt eure Gesichtszüge besser als ihr selbst.

Trotzdem kann es sehr einschüchternd sein, an einem der meistfotografierten Tage eures Lebens für Haare und Make-up verantwortlich zu sein. Selbst wenn ihr dieser Aufgabe selbstbewusst gegenübersteht, solltet ihr im Vorfeld verschiedene Looks ausprobieren, um zu entscheiden, wie ihr am Tag eurer Hochzeit am liebsten aussehen möchtet.

Macht unbedingt Selfies von euren Probeläufen, vor allem in unterschiedlichen Beleuchtungen (drinnen, am Fenster, draußen), um zu erkennen, welcher Look auch auf den Hochzeitsfotos zum Augenschmeichler wird.

Üben, üben, üben. Denn auch wenn ihr denkt, dass es einfach ist, mal schnell blushfarbenen Lidschatten mit einem verführerisch geschwungenen Lidstrich aufzutragen, werdet ihr überrascht sein, wie schwierig es ist, einen messerscharfen symmetrischen Look hinzubekommen. Gebt euch am Hochzeitstag unbedingt genügend Zeit, sodass das Styling nicht in Stress ausartet.

#65 Vermeidet Impulskäufe

Ein weiterer Sparhack ist, Impulskäufe zu vermeiden. Ganz schnell passiert es nämlich, dass ihr aufgrund der großen Feierlichkeit wahllos alles kauft, was euch gefällt. Wenn ihr euch in erster Linie an eurem Hochzeitsplan und eurem Moodboard orientiert, vermeidet ihr von vornherein, dass ihr Dinge kauft, die im Nachhinein gar nicht zu eurem Hochzeitskonzept passen oder womöglich gar keinen Platz mehr finden.

ES MUSS NICHT ALLES NEU SEIN

Es spart deutlich Kosten und ist nachhaltig, wenn ihr persönliche Gegenstände aus dem eigenen Haushalt oder aus dem Familieninventar nutzen könnt.

#66 Clever sparen mit den Hochzeitsblumen

Oh ja, Blumen sind wundervoll und ein bezauberndes Detail auf jeder Hochzeit. Doch Blumen greifen auch tief in euren Geldbeutel. Während es kein Muss ist, Blumen auf einer Hochzeit mit einzubinden, helfen sie dabei, dem Ganzen einen einzigartigen Charme zu verleihen. Es gibt aber gute Neuigkeiten, denn Blumen können auch eine große Wirkung haben, ohne dass sie euer Budget sprengen.

HIER DIE CLEVERSTEN TIPPS ZUM SPAREN FÜR EUCH:

WERDET EUER EIGENER FLORIST
Lernt in Workshops von Profis, wie ihr Blumendekorationen wie Mittelstücke, Sträuße, Blumenarmbänder und Haarkränze selber machen könnt.

KAUFT IN GROSSEN MENGEN
Besucht euren lokalen Blumengroßmarkt (oder fahrt nach Holland ins Blumenparadies) und spart mit Großhandelspreisen.

SAISONAL BLEIBEN
Findet Blumen, die in eurer Hochzeitssaison erhältlich sind, denn die sind oft günstiger als solche, die importiert werden müssen.

VASEN MIETEN
Mieten ist eine großartige Möglichkeit, eure Kosten zu senken. Lokale Blumenhändler oder Verleihe bieten ein umfangreiches Sortiment an schönen Vasen, Blumenständer und Traubogengestelle, die ihr mit euren Blumen dekorieren könnt.

WO MÖGLICH VERMEHRZWECKEN
Warum doppelt so viele Blumen bestellen, wenn ihr das Arrangement von der Trauung auch auf der Hochzeitsfeier verwenden könnt?

WENIGER IST MEHR!
Es muss sich keine extravagante Blumengirlande über alle Hochzeitstische ziehen. Oft ist weniger mehr, und mit schön arrangierten Mittelstücken oder einzelnen Blumen in Vasen zaubert ihr auch eine ganz besondere Stimmung in eure Hochzeitslocation.

GRÜN IST GUT!
Der grüne Trend ist ein richtiger Sparfuchs auf Hochzeiten. Grünpflanzen oder grüne Zweige, kombiniert mit wenig Blüten, sorgen für einen herrlich natürlichen Look.

IHR LIEBT PFINGSTROSEN?
Sie sind wunderschön, aber auch wunderschön teuer. Eine günstigere Alternative und nicht weniger schön ist die Rosa Centifolia, auch Kohlrose genannt. Es wird euch überraschen, wie viel Ähnlichkeit sie mit der Pfingstrose hat, und so müsst ihr nicht wegen des Geldes auf diesen einzigartigen Look verzichten.

#67 Verzichtet auf Schnickschnack

Mit dem Schnickschnack ist das ja so eine Sache. Was für den einen unbedingt notwendig erscheint, ist für den anderen absolutes Chichi. Weniger ist mehr! Ihr werdet überrascht sein, wie wenig es braucht, um eine Hochzeit schön zu feiern. Die Schönheit liegt in den bewusst gewählten Details, und diese werden in einer schlichten Umgebung zum besonderen Highlight.

#68 Wie ihr mit dem Catering Geld sparen könnt

Das Catering ist ein fundamentales Muss auf jeder Hochzeit. Doch ein paar köstliche Gespräche und E-Mails später kommt die Realität, dass die Kosten für die Verkostung einer Hochzeitsgesellschaft etwas höher sind als erwartet.

Da nutze ich doch gleich die Chance und lasse die Wahrheitsbombe platzen, denn jedes Hochzeitspaar sollte etwa mit der Hälfte des Gesamtbudgets für die Verpflegung der kompletten Hochzeitsgesellschaft rechnen. Ohne Zweifel ein hübsches Sümmchen! Bevor ihr jetzt aber in eine Schnappatmung übergeht, gebe ich gleich die guten Nachrichten weiter, dass es sehr wohl tolle Möglichkeiten gibt, mit denen ihr ordentlich Geld beim Catering sparen könnt.

BEIM HOCHZEITSCATERING SPAREN

Selbstverständlich will niemand auf seiner Hochzeit fades, geschmackloses Essen servieren oder die Gäste verhungern lassen. Aber daran pleite zu gehen ist auch keine Lösung. Deswegen gibt es hier ein paar Tipps, um eure Cateringkosten zu schrumpfen, ohne aber an Qualität zu sparen. Markiert euch doch gleich ein paar Ideen für später!

BRINGT EUER EIGENES

Ihr feiert im Garten oder in einer vom Catering ungebundenen Location? Dann macht doch einfach BYO, auf deutsch „Bringt euer eigenes". Mit dieser Option könnt ihr eure liebsten Geheimrezepte aufs Büfett zaubern, und wenn jeder Gast sogar noch etwas Eigenes aus seiner Küche mitbringt, habt ihr wohl den individuellsten Hochzeitsschmaus, den es nur geben kann.

VERGESST DEN TEUREN KALBSRÜCKEN

Beim Zusammenstellen des Menüs kommt das Protein meistens nicht zu kurz. Und klar wollt ihr das beste Stück Fleisch auf dem Teller sehen. Aber statt dem teuren Kalbsrücken oder Rinderfilet, gibt es viele preisbewusstere Optionen, wie Schweinerücken oder Hühnchen.

IM TREND MIT FOODTRUCKS ODER STREETFOOD

Foodtruck-Catering ist ein absoluter Trend für lockere Hochzeiten, vor allem bei Sommerhochzeiten. Meist günstiger als herkömmliches Catering, habt ihr hierbei nur noch die Qual der Wahl: ausgefallener Burgergrill auf Rädern, der Foodtruck mit griechischen Spezialitäten, der mexikanischen Burito Trailer, der Gourmetpizza Airstream und alles, was euer kulinarisches Herz noch begehrt…

MACHT'S WIE DIE DEUTSCHEN GRILLMEISTER

Grillen ist und bleibt ein beliebtes Hobby, also warum nicht die Holzkohle auf einer Hochzeit anheizen? Holt euch ein paar Fleischsorten, leckere Salate, Ofenkartoffeln, und eure Gäste werden euch lieben. Oder lasst einen Grillmeister kommen, der sich um alles kümmert.

SAISONAL IST GÜNSTIGER

Das Schöne heutzutage ist, dass wir auf nichts mehr verzichten müssen. Was bei uns gerade nicht Saison hat, holt man sich eben woanders in der Welt. Hallo Transportkosten! Wenn das euer Budget jedoch nicht zulässt, achtet darauf, eure Lebensmittel saisonal zusammenzustellen.

PICKNICK IM GRÜNEN STATT HOCHZEITSFEIER

Wenn ihr so richtig sparen wollt, überlegt euch, auf eine große Feier zu verzichten und stattdessen ein gemütliches Sommerpicknick im Grünen zu organisieren. Dafür könnt ihr Snacks und Köstlichkeiten nach Belieben in Picknickkörben für eure Gäste zusammenstellen. Auch gibt es Feinkostläden, die diesen Service anbieten. Klingt gemütlich? Ist es auch!

GRAZING TABLE – EIN HINGUCKER FÜR ALLE SINNE

Ein ganz neuer Trend sind Grazing Tables. Ein beeindruckend dekorierter Tisch voller Köstlichkeiten: Obst, Cracker, Wurstspezialitäten, Nüsse,

Käse, Brot, Gemüse, Dips, und die Liste geht weiter und weiter. Auch süße Sachen dürfen auf Wunsch nicht fehlen. Alles, was euch gefällt, kommt auf den Tisch, und ganz bestimmt wird es so für jeden eurer Gäste ein wahres Festmahl werden.

CUPCAKES STATT HOCHZEITSTORTE

Für viele Hochzeitspaare ist die Hochzeitstorte oft überbewertet und damit eine großartige Möglichkeit zum Sparen. Genauso schön sind selbst gebackene oder gekaufte Blechkuchen, Cupcakes, Donuts und so weiter und so fort.

Bei Außer-Haus-Catering kommt oft ein Geschirr- und Eventverleih als neuer Kostenpunkt hinzu. Nichtsdestotrotz seid ihr mit einer strategischen Planung unterm Strich immer noch günstiger unterwegs.

#69 Playlists statt DJ

Ganz klar, eure Hochzeitszeremonie wird herrlich romantisch, und auch euer fantastisches Hochzeitsessen wird für immer im Gedächtnis bleiben. Und noch eine weitere Sache soll bei euren Gästen auch Jahre später noch Thema sein: Dass sie mega abtanzen konnten.

Ganz ehrlich, wer liebt nicht eine richtig gute Party? Es gibt leckeres Essen, feine Drinks, tolle Gesellschaft und coole Musik. Damit steigt und fällt auch jede Hochzeit. Ein DJ oder eine Band kann leicht bis zu 10 % eures Hochzeitsbudgets ausmachen. Was aber, wenn die Hochzeitskasse knapp ist? Zur Not geht es auch ohne einen DJ, denn mithilfe von Musikdiensten wie Spotify könnt ihr euch ganz einfach eure eigene epische Hochzeitsplaylist zusammenstellen.

> Auch wenn das Zusammenstellen eurer Musikwunschliste großen Spaß macht, gehört ein Stück Kunst dazu, die perfekte Playlist zu kreieren.

WERDET ZUM DIY-DJ

Das Zusammenfügen verschiedener Genres und das Mischen aus schnellen und langsamen Beats sollte nicht unterschätzt werden. Am besten holt ihr euch auch Vorschläge von Freunden und Familie und stellt sicher, dass die Playlist mindestens zwei Stunden länger ist als die geplante Feier. So geht euch nicht nur die Musik nicht aus, ihr werdet auch eure Hochzeitsgäste als DIY-DJs überzeugen und die Tanzfläche zum Beben bringen.

KAPITEL 8

RITUALE & TRADITIONEN

Alles kann, nix muss. Es kommt
nicht oft vor, dass all die Lieblingsmenschen eines Paares sich gleich-
zeitig an einem Ort versammeln.
Mit Ritualen und Traditionen habt
ihr die Möglichkeit, eure Hochzeit
so individuell zu gestalten, wie nur
ihr selbst es seid.

#70 Etwas Altes, etwas Neues, etwas Geliehenes und etwas Blaues

Eine so alte, aber trotzdem auch heute noch beliebte Tradition. So verkörpert das Alte ein Taschentuch, das Neue das Brautkleid, das Geliehene der Brautschmuck und das Blaue das Strumpfband. Natürlich kann man ganz eigene Dinge auswählen, die zu diesem Brauch passen. Das Alte steht für das Vergangene, für die eigene Geschichte und für die Zugehörigkeit zur eigenen Familie, obwohl eine neue gegründet wird. Das Neue symbolisiert den nächsten Lebensabschnitt in der Ehe. Das Geliehene soll das Glück überreichen, das ein bereits verheiratetes Familienmitglied leiht. Und das Blaue ist die Farbe der Treue.

#71 Brautstrauß verewigen statt werfen

Die Tradition besagt, ein Brautstrauß muss geworfen werden, damit die nächste Single-Lady im Kreis zum Heiraten auserwählt wird. Die abgewandelte Form dieser Tradition besagt, stattdessen einen zweiten Brautstrauß zum Werfen zu haben und den ersten aufzubewahren. So könnt ihr die schönen Blumen trocknen lassen und zum Beispiel euer Hochzeitsalbum damit dekorieren. Eine weitere Möglichkeit ist, die getrockneten Blüten als Herbarium in einem Doppelglasrahmen aufzubewahren. Es gibt sogar Juweliere, die aus euren gepressten Blüten wunderschöne Schmuckstücke wie Ringe, Ketten oder Armbänder zur ewigen Erinnerung anfertigen.

#72 Die Braut trägt weiß

Dass die Braut weiß trägt, ist symbolträchtig, denn einst deutete es auf die Reinheit und die vollkommene Lebensfreude hin. Heute dürfte das weitestgehend überholt sein, und dennoch unterstreicht es das besondere Gefühl an diesem einzigartigen Tag. Weiß kann hierbei natürlich auch Creme sein, Elfenbein oder ein vergleichbarer Farbton, der das Reinweiße schon vor einigen Jahren ersetzte.

#73 Das Geheimnis um die Hochzeitsoutfits

Traditionell oder modern? Es gibt verschiedene Möglichkeiten für das Hochzeitspaar, sich das erste Mal in seinen wunderschönen Hochzeitskleidern zu sehen.

MAN DARF SICH NICHT VOR DER HOCHZEIT SEHEN

Die Tradition, den Partner nicht vor der Hochzeit zu sehen, stammt aus der Zeit, in der Hochzeiten von Familien arrangiert wurden. Somit konnte verhindert werden, dass der Bräutigam vielleicht im letzten Moment davonrennt, wenn er zum ersten Mal seiner zugesprochenen Braut in die Augen schaut. Romantisch, oder? Arrangierte Ehen sind in der heutigen Kultur nicht mehr so verbreitet, trotzdem ist dieser Brauch bei vielen beliebt. Die Schmetterlinge im Bauch zu spüren, wie beim ersten Date, wenn man auf seinen Lieblingsmenschen zugeht, gehört zu den bedeutungsvollsten Momenten eines Hochzeitstages.

DER FIRST LOOK

Das Pendant dazu ist der First Look, ein Trend, der aus den USA über den großen Teich zu uns herübergeschwappt ist und der viele Paare verzaubert. Kurz vor der Trauung, meistens an einem ruhigen Ort, sieht sich das Hochzeitspaar in großer Erwartung und Aufregung. Dieser Augenblick bietet eine großartige Möglichkeit für wunderschöne Hochzeitsfotos zu zweit. Ein Moment voller Magie und überwältigender Gefühle, den viele Paare als einen der schönsten Augenblicke ihrer Hochzeit beschreiben.

#74 Worte können Wunder wirken

Es gibt kaum etwas Persönlicheres als einen handgeschriebenen Brief, vor allem in der heutigen digitalisierten Zeit. Ein Liebesbrief ist eine schöne Erinnerung an gelebte Emotionen und Gefühle. Am Hochzeitstag noch mehr, wenn die Glücksgefühle sowieso schon umhertanzen.

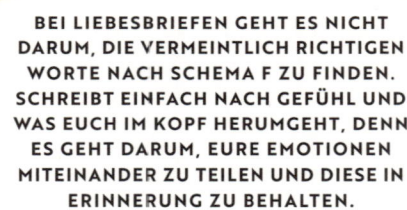

BEI LIEBESBRIEFEN GEHT ES NICHT DARUM, DIE VERMEINTLICH RICHTIGEN WORTE NACH SCHEMA F ZU FINDEN. SCHREIBT EINFACH NACH GEFÜHL UND WAS EUCH IM KOPF HERUMGEHT, DENN ES GEHT DARUM, EURE EMOTIONEN MITEINANDER ZU TEILEN UND DIESE IN ERINNERUNG ZU BEHALTEN.

Die beste Gelegenheit, euch einen Liebensbrief zu schenken, ist beim Getting Ready. In diesem aufregenden Moment vor der Trauung ein paar liebevoll geschriebene Zeilen zu lesen steigert eure Vorfreude ins Unermessliche. Schön ist auch das gegenseitige Vorlesen oder gemeinsames Lesen der Liebesbriefe beim First Look, falls ihr euch vor der Trauung schon einmal sehen möchtet. Die ersten Freudentränen sind nicht ausgeschlossen, und euer Hochzeitsfotograf fängt Bilder ein, die ihr nicht vergessen werdet.

#75 Der Hochzeitskuss

„Sie dürfen die Braut jetzt küssen" – der wohl berühmteste Brauch vieler Hochzeiten. Wenn diese lange Tradition in eurer Trauung vorgesehen ist, lässt sich dieser Moment ganz einfach zusammenfassen:

Der Moment eurer Trauung ist gekommen, in dem ihr euch endlich als Mann und Frau, Frau und Frau oder Mann und Mann küssen dürft. Versucht, in diesem Augenblick keine dramatischen Bewegungen oder filmreifen Kussküren einzubauen. Das Risiko dabei ist zu hoch, dass ihr euch die Köpfe anstoßt oder sogar den Mund verfehlt. Nehmt euch stattdessen liebevoll in die Arme, schließt eure Augen und lasst euch Zeit mit dem Küssen. Was folgt, ist ein romantischer Hochzeitskuss, der für Jubel und für ein unvergessliches Motiv auf euren Hochzeitsbildern sorgen wird. Denkt daran, ein schneller Kuss wirkt weniger liebevoll, vor allem auf den Fotos. Aber die Zunge ist besser hinter verschlossenen Türen aufgehoben.

#76 Das rosarote Tütchen voller Reis

Eine alte Tradition, die ihren Ursprung in Asien hat. Mit dem Reiswerfen werden die Fruchtbarkeitsgötter gerufen, denn es steht für neues Leben und Fruchtbarkeit.

Tatsächlich ist das Bewerfen des Brautpaars mit Reis gar nicht mehr so rosarot, wie es vielleicht einmal war. Grundsätzlich könnte man sagen, dass auch nicht alle Bräute darüber glücklich sind, wenn sich Reiskörner in ihrer Hochzeitsfrisur ansammeln. Außerdem erlauben viele Kirchen aufgrund der nachfolgenden Reinigung kein Streugut, vor allem dann nicht, wenn der Boden aus Kies oder Pflastersteinen besteht. Auch andere Locations sind oftmals nicht besonders davon angetan und stellen vielen Brautpaaren die Reinigungskosten in Rechnung. Es gibt allerdings tolle Alternativen zum Hochzeitsreis, die ganz sicher auch böse Geister besänftigen werden. Dazu gehören Wedding Wands, frische oder getrocknete Blütenblätter, Gras- und Blumensamen, Seifenblasen, Streudeko, ja sogar Vogelfutter kann geworfen werden.

#77 Die Hochzeitsrede – mit diesen Ideen klappt's!

Der Erfolg eurer Hochzeitsrede basiert auf zwei Kriterien: Humor und Herz. Für viele Hochzeitspaare ein einschüchternder Teil der Hochzeitsplanung. Aber keine Sorge, hier sind meine Top-4-Tipps für euren perfekten Hochzeitstoast.

Ihr schafft das!

BEDANKT EUCH

Nicht umsonst beginnen die meisten Reden damit, sich bei den Gästen für ihr Kommen zu bedanken. Das ist der Eisbrecher für den perfekten Start der Rede.

SPARSAM MIT HUMOR UMGEHEN

Humor ist ein wichtiges Element in einer Hochzeitsrede, denn wir alle lachen gerne über witzige Anekdoten. Zu beachten ist, dass ihr es nicht übertreibt oder zu persönlich werdet. Denn erzwungener Humor ist nicht mehr lustig.

EMOTIONEN ZEIGEN

Das ist der Teil, an dem ihr eure Gefühle für euren Ehepartner ausdrückt, oft geprägt von Worten, wie glücklich euch eurer Partner macht und wie sehr ihr euch auf die gemeinsame Zukunft freut. Anekdoten eurer Liebesgeschichte sind erlaubt und ein emotionales Highlight. Schaut euch dabei unbedingt in die Augen.

HALTET EUCH KURZ!

Ohne Witz, ich war mal auf einer Hochzeit, wo der Bräutigam tatsächlich eine Stunde seine Rede hielt. Die Stimmung im Saal hat gebrodelt, das kann ich euch sagen. Daher mein Top-Tipp: Haltet es kurz, nett und authentisch!

#78 Der Hochzeitstanz

Der erste Tanz des Hochzeitspaares ist das Symbol schlechthin für die Eröffnung der Tanzfläche.

Ihr seid womöglich Tanzmuffel? Dann gibt es hier ein paar sehr gute Gründe, warum ihr euch vielleicht doch mit einem Eröffnungstanz aufs Parkett wagen solltet.

NEUE ABENTEUER ZU ZWEIT

Ihr seid ein Team, und das Üben des Hochzeitstanzes ist eine schöne Herausforderung, die ihr zu zweit meistern könnt. In meiner Fantasie war mein Hochzeitstanz ein leidenschaftlicher Tango, so wie man es aus den Filmen kennt. In den Tanzstunden habe ich dann total versagt und konnte den linken Fuß nicht vom rechten unterscheiden. Wir hatten bei den Tanzstunden so viel Spaß zusammen, auch wenn es schlussendlich auf unserer Hochzeit nur ein kurzer Stehwalzer wurde.

DER GROSSE AUFTRITT

Eure Hochzeitsgäste werden es lieben, euch tanzen zu sehen, denn das ist schließlich ein ganz besonderes Ereignis, das sie bis dahin wahrscheinlich noch nicht so oft mit euch erlebt haben.

DAS LIEBESGLÜCK AUSKOSTEN

Euer Tanz (ob ihr nun einen langsamen Walzer oder eine einstudierte Tanzkür hinlegt) enthüllt die Harmonie zwischen euch als Hochzeitspaar – in diesem Augenblick könnt ihr euer Liebesglück voll und ganz auskosten.

REINSTE GLÜCKSGEFÜHLE

Tanzen macht einfach Spaß und löst echte Glücksgefühle aus. Davon kann man ja eigentlich nicht genug bekommen, oder?

DIE PARTY KANN LOSGEHEN!

Wenn die Art, im Rampenlicht zu stehen, nichts für euch ist, dann tanzt euren Hochzeitstanz einen kurzen Augenblick zu zweit und holt kurz darauf eure Eltern, Trauzeugen und Brautjungfern dazu. So macht ihr auch schnell darauf aufmerksam, dass alle wichtigen Programmpunkte erledigt sind und die Party jetzt losgehen kann. Am besten gleich nach dem Hochzeitstanz mit stimmungsvoller Musik nachlegen. Denn wer wird schon einem guten Partysong widerstehen können?

#79 Strumpfband werfen

Zu den beliebtesten Traditionen gehört das Werfen des Strumpfbandes. Ich sollte eher das Tragen des Strumpfbandes sagen, denn wenn die sagenhafte Party so richtig im Gang ist, wird das Strumpfbandwerfen oftmals ganz und gar vergessen.

DER NÄCHSTE BITTE!

Das Strumpfbandwerfen des Bräutigams ist das englische Pendant zum Werfen des Brautstraußes. Genau wie das Fangen des Straußes von einer Single-Lady steht das Fangen des Strumpfbandes von einem Single-Gentleman auf der Hochzeit dafür, dass er derjenige sein wird, der als nächstes in den Ehering steigt.

#80 Wer hat die Braut geklaut?

Die Brautentführung ist in einigen Regionen, wie Bayern und Österreich, ein traditionelles Hochzeitsritual. Der Spaß hat natürlich Vor- und Nachteile, deswegen solltet ihr abwägen, ob ihr einen Brautklau erlauben wollt.

Es beginnt damit, dass die Braut während der Hochzeitsfeier von den Trauzeugen entführt wird und ein kleiner Tross der Freunde mitgeht. Entführt wird sie in eine oder mehrere Kneipen der Umgebung. Der Ehepartner wird seine Braut hoffentlich bald vermissen und muss auf die Suche gehen, oftmals sogar mit einigen Musikanten und verkleidet. Die Braut genießt derweil mit ihren Entführern leckere Drinks und Hochprozentiges in den Bars. Sobald der Bräutigam seine vermisste Braut gefunden hat, muss er die Zeche zahlen. Aber damit nicht genug, denn er muss oftmals auch Aufgaben lösen, um die Gunst seiner Liebsten zurückzugewinnen. Oftmals wird vor Ort noch etwas weitergefeiert, bevor es wieder in die Hochzeitslocation geht.

GUT ZU WISSEN

Natürlich ist das eine Gaudi für alle Beteiligten, denn schließlich ist es eine Tradition, auf die viele Alteingesessene nicht verzichten wollen. Zurück bleiben oft gelangweilte Gäste, die nicht mit auf die Suche nach der Braut gehen. Plant deswegen unbedingt Entertainment für die zurückgelassenen Gäste ein. Das sorgt weiterhin für gute Laune in der Hochzeitslocation, bis die Entführungsgesellschaft zurückkommt.

KAPITEL 9

DER TAG DER FEIER

Unabhängig von der Größe einer Hochzeit gibt es drei Grundlagen, die auf keiner Hochzeitsfeier fehlen sollten: leckeres Essen, gute Getränke und Musik. Und obendrein natürlich das Jawort der Liebe – was könnte schöner sein!

#81 Besoffene Männer und gestresste Hühner

Guten Morgen, Sonnenschein. Endlich ist er da, der Hochzeitsmorgen. Wenn ihr diesem Buch gefolgt seid, seid ihr ausgeschlafen, und alle Planung und Stress der letzten Monate liegen hinter euch. Zeit, sich endlich zurückzulehnen und auf den verdienten Lorbeeren der harten Arbeit auszuruhen.

Persönlich habe ich schon alle Arten von Getting Readys miterleben dürfen, obwohl ich bei einigen lieber nicht präsent gewesen wäre. Einmal wurde der Bräutigam auf der Fahrt zum Standesamt von der Polizei angehalten und hätte beinahe den Alkoholtest nicht bestanden, weil er beim Frühstück einen Whiskey zu viel hatte. Auch durfte ich einmal eine Braut erleben, die ihren Brautstrauß im Hotelzimmer vergaß und es erst kurz vor der Kirche bemerkte. Glücklicherweise hatten die Brautjungfern auch Blumen dabei, sodass sie nicht mit leeren Händen zum Altar einziehen musste.

Der Hochzeitsmorgen, die Brautvorbereitung, das Getting Ready – wie auch immer wir es nennen wollen – benötigt ebenfalls so einiges an Planung. Die wichtigsten Punkte zur Vorbereitung dafür habe ich für euch zusammengefasst:

- Plant genug Zeit ein: doppelt so viel wie für ein Styling in einem Friseursalon.

- Haare der Braut: 60–90 Minuten

- Braut-Make-up: 60–90 Minuten

- Weitere Personen: 30–50 Minuten pro Person

- Versucht euch nicht an neuen Beauty-Produkten.

- Plant nicht zu viele (andere) Termine für diese Zeit.

- Die Räumlichkeiten für das Getting Ready sollten aufgeräumt und sauber sein.

- Das Kleid und die Outfits sollten auf hübschen Bügeln hängen.

- Rückenfreies Kleid? Keinen BH am Morgen tragen.

- Die Braut wird zuerst geschminkt und gestylt.

- Lasst den Fotografen lieber eine Stunde früher kommen.

- Fragt euren Stylisten nach einem zweiten Assistenten, wenn auch Brautjungfern und die Mama gestylt werden sollen.

- Ein Gläschen Sekt ist ein Stresslöser. Es sollte aber bei einem Glas bleiben.

- Atmen! Die Räumlichkeiten zum Getting Ready können sich schon mal wie ein Bahnhofsplatz anfühlen. Tief durchatmen und sich nicht aus der Ruhe bringen lassen!

DIESER TEIL DES TAGES MACHT JEDE MENGE SPASS, UND MIT BEDACHTER VORBEREITUNG SEID IHR AUF DEM BESTEN WEG, WEDER BETRUNKEN NOCH GESTRESST AM TRAUALTAR ANZUKOMMEN.

#82 Lust auf Frühstück

Seit dem Antrag habt ihr gefühlt tausend Millionen Entscheidungen für diesen besonderen Tag heute hinter euch gebracht. Ein Hoch auf euch! Der Hochzeitsmorgen fühlt sich überwältigend surreal an, und die Gedanken kreisen nur so im Kopf herum. Die Outfits auf ihren Bügeln strahlen dem Paar voller Vorfreude entgegen. Das Getting Ready ist in vollem Gange, und es wird gutgelaunt das erste Glas Champagner geschlürft. Aber eines interessiert niemanden im Geringsten: das Hochzeitsfrühstück.

WENN IHR MICH FRAGT, IST DAS FRÜHSTÜCK EINE DER KOSTBARSTEN (MAHL-)ZEITEN, DIE FÜR AUSREICHEND ENERGIE IN DEN KOMMENDEN STUNDEN DES HOCHZEITSTAGES SORGEN WIRD. BIS ZUR NÄCHSTEN MAHLZEIT VERGEHEN NÄMLICH GEWÖHNLICH VIELE, VIELE STUNDEN.

MACHT PLATZ FÜR FRÜHSTÜCK

Auch wenn ihr euch unter Umständen gar nicht so hungrig fühlt, macht Platz, Zeit und Lust auf Frühstück. Glaubt mir, das sind nur die Schmetterlinge im Bauch, die euch den Hunger vertreiben wollen. Hängt euren Akku an die Ladestation, füttert ihn mit einer gesunden und ausgewogenen Mahlzeit und trinkt dazu viel Wasser. Glaubt mir: Dieser Tipp ist Gold wert.

OBST, MÜSLIRIEGEL UND MINISANDWICHES SIND PERFEKTE SNACKS ZUM KNABBERN, FALLS DAS FRÜHSTÜCK DOCH AUSFALLEN MUSS.

#83 Timing, bitte!

Nicht selten kommt es vor, dass vor der Trauung einer vom Hochzeitspaar auf die Ankunft des anderen warten muss.

Natürlich unterscheidet man hierbei, ob man modisch zu spät kommt oder tatsächlich zu spät dran ist. Was ist, wenn in der allerletzten Sekunde noch das Notnähset aufgebrochen werden muss, damit der Reißverschluss vom Brautkleid zugeht? Was, wenn dann noch die Transportkutsche auf dem Weg zum Standesamt im Verkehr stecken bleibt?

LIEBER DEN WECKER EINE STUNDE FRÜHER KLINGELN LASSEN UND IM VORFELD MEHR ZEIT FÜR ALLE EVENTUALITÄTEN EINPLANEN, UM VERSPÄTUNGEN IM ALLGEMEINEN ZU VERMEIDEN.

Wenn ein Partner zur Trauung etwa 20 Minuten zu spät kommt, klingt das vielleicht nicht so viel, aber wenn sich bereits vor dem gesprochenen Jawort die zweite Hochzeitsgesellschaft vor dem Standesamt ansammelt und die Glückwünsche danach mit einem hastig runtergeschlürften Sekt ausgeteilt werden, wirkt sich das auch auf den Rest des Tages aus.

#84 Es gibt vielleicht keine Freudentränen

Ganz ehrlich, dieses Ding hat mich selbst überrascht. Ich bin jemand, der sich beim Anschauen der größten Kitschfilme die Tränen aus den Augen wischt. Also war ich natürlich mit einem wasserfesten Make-up perfekt auf meine Freudentränen vorbereitet. Aber die gab es nicht.

Als der Moment endlich gekommen war und ich meinem Mann mit einem überglücklichen Bauchkribbeln gegenüberstand, konnte ich alles, nur nicht weinen. Keine einzige Freudenträne vergoss ich. Es ist mir immer noch ein Rätsel, wie ich in dem romantischsten Augenblick meiner Träume nicht weinen konnte.

Ob ihr nun der emotionale Typ seid oder nicht: Mit einem wasserdichten Make-up seid ihr auf alle Eventualitäten bestens vorbereitet. Und packt die Taschentücher ein! Sicher ist sicher.

#85 Unplugged

Gäste auf eurer Hochzeit, vor allem während der Trauung, vom Fotografieren abzuhalten ist nicht unhöflich.

Im Zeitalter der technologiebesessenen Kultur ist an einem solchen besonderen Tag ein kleine Prise Egoismus euererseits gar nicht unangebracht. Auch wenn sich manche Gäste hier und da vielleicht ein bisschen langweilen und sich lieber als Weltraumsöldner auf den nächsten Alienkampf in „Legenden der Schatten" vorbereiten würden, ist es zweifellos schöner, wenn alle Beteiligten voll engagiert und präsent sind, vor allem wenn ihr euch das Jawort gebt. Nicht zuletzt gebt ihr viel Geld für euren Hochzeitsfotografen aus, und die arbeiten mit vollem Körpereinsatz, alle Emotionen auch in den Gesichtern eurer Gäste einzufangen.

HANDYS SORGEN FÜR UNRUHE

Das Konzept der Unplugged-Hochzeit setzt sich immer mehr durch. Schluss mit der Zeit, in der Onkel Klaus mit seinem Handy bei der Hochzeitstrauung den Gang entlangwanderte und im Paparazzi-Stil den eigentlichen Fotografen die Sicht versperrte. Oder die instagrambesessenen Freunde, die gar nicht mitbekommen, dass dem Bräutigam gerade der Ring vor lauter Aufregung runtergefallen ist. Ja sagen ohne Handys ist sicherlich nicht jedermanns Sache, wenn ihr euch dennoch eine verkehrsberuhigte Zone für eure Trauung wünscht, gibt es nette Sprüche, um den Flugzeugmodus zu aktivieren.

> **WILLKOMMEN ZU UNSERER UNPLUGGED-HOCHZEIT. BITTE SCHALTET EURE KAMERAS UND TELEFONE BIS NACH DER TRAUUNG AUS. WIR MÖCHTEN EURE LIEBEN GESICHTER UND EUER GLÜCKLICHES LÄCHELN SEHEN. DANKESCHÖN!**

INFORMIERT EURE GÄSTE

Bei einer Unplugged-Hochzeit informiert ihr eure Gäste am besten in der Hochzeitseinladung darüber sowie am Hochzeitstag selbst mit respektvollen Schildern und im Trauprogramm. Ihr werdet es nicht glauben, aber tatsächlich wird auf Unplugged-Hochzeiten viel lauter geklatscht und gejubelt, wenn ihr euren Hochzeitskuss erstaufführt. Woran das wohl liegen mag...?

#86 Eure Trauung inkl. Lebensretter-Tipps für den Einzug

Die Trauungszeremonie ist kein Sprint. Sie ist einer dieser Momente, den wir in aller Ruhe und in vollen Zügen genießen sollten. Beim Einzug schießt die Nervosität von Kopf bis Fuß durch den ganzen Körper, alle Blicke der Hochzeitsgäste sind auf einen gerichtet. Und auf einmal steht man im Mittelpunkt.

EIN EINZUG IN ZEITLUPE

So urkomisch, wie dieser Moment sich auch anfühlen wird, das Beste ist, ihr fahrt euer Tempo um einiges runter und lebt diesen einen Moment. Zieht ein, als ob ihr schweben würdet, und kostet jede einzelne Sekunde dieses Augenblickes aus. Hier ein paar Empfehlungen:

- ❤ Haltung bitte! Lauft mit geraden Schultern!

- ❤ Nicht zu steif! Verkrampft nicht eure Arme oder Hände, denn das wirkt beim Laufen sehr steif.

- ❤ Lauft ganz normal! Ein Schritt nach dem anderen, im Einklang mit der Musik, seht ihr am natürlichsten aus.

- ❤ Einmal lächeln bitte! Ihr habt das schönste Lächeln überhaupt, und jeder will sehen, wie wunderschön sich dieser Moment jetzt für euch anfühlt.

- ❤ Würdigt eure Gäste! Sie sind alle nur für euch gekommen und freuen sich umso mehr, wenn ihnen ein direktes Lächeln entgegenfliegt.

DER MOMENT DER TRAUUNG

Nehmt euch Zeit für euer Eheversprechen – seht euch in die Augen, sprecht deutlich und nicht zu schnell. Spätestens wenn ihr euch in euren Fotos beziehungsweise in eurem Hochzeitsfilm seht, werdet ihr für diesen Tipp dankbar sein.

**HERZLICHEN GLÜCKWUNSCH! IHR HABT ES GESCHAFFT.
ENDLICH SEID IHR VERHEIRATET.**

#87 Nehmt euch eine Auszeit

Euer Hochzeitstag ist pure Magie, allerdings werdet ihr am Hochzeitstag höchstwahrscheinlich nicht so viel Zeit zusammen verbringen, wie ihr denkt. Die Trauung ist vorbei, und danach werdet ihr in etwa 30 verschiedene Richtungen gerissen. Freunde, Familie, Fotografen, und bevor ihr euch verseht, ist bereits eine Stunde vergangen, seit ihr das letzte Mal euren Schatz gesehen habt.

Eine tolle Möglichkeit bietet sich für euch, wenn ihr euch in einem ruhigeren Moment zu zweit davonstehlt. Das muss auch gar nicht lang sein, und idealerweise nehmt ihr gleich euren Hochzeitsfotografen oder -filmer mit, sodass ihr all die romantischen Hochzeitsbilder machen könnt, von denen ihr geträumt habt. Und bevor eure Gäste merken, dass ihr weg seid, seid ihr schon wieder da. Ich kann euch dieses einzigartige Gefühl gar nicht richtig beschreiben, bevor ihr es nicht selbst erlebt habt. So viel vorneweg, es lohnt sich.

#88 Kinderfreundlich heiraten

Normalerweise feiern auch Kinder unterschiedlichen Alters auf eurer Hochzeit mit. Damit sie und ihre Eltern euren Hochzeitstag jede Sekunde mit euch genießen können, sorgt im Vorfeld für die perfekte Kinderbetreuung. So kommt erst gar keine Langeweile auf!

> **BESORGT SPIELE, AUSMALBÜCHER, SPIELECKEN UND NASCHTISCHE. FEIERT IHR OUTDOOR, IST AUCH EINE KINDERSICHERE HÜPFBURG EINE TOLLE IDEE.**

PROFESSIONELLE KINDERBETREUUNG

Bei mehreren Kindern werdet ihr in jedem Fall von einer professionellen Kinderbetreuung für eure Feier profitieren. Ausgebildete Kinderbetreuungen bieten für Hochzeiten ein spezielles Kinderprogramm an und beschäftigen die Kleinen mit Spielen, bewachen ihren Schlaf am Nachmittag und kümmern sich um alle anderen Belange.

KINDERLOS FEIERN

Zu guter Letzt gibt es die Alternative, dass ihr ohne Kinder eure Hochzeit feiert. Es ist also durchaus erlaubt, dass ihr auf der Einladung diesen Wunsch äußert, damit ihr lange, ausgiebig und laut mit euren Gästen feiern könnt. Ihr solltet aber dabei bedenken, dass dann möglicherweise nicht alle eingeladenen Eltern kommen können. Dennoch: Ihr entscheidet, wie es für euch richtig ist. Und vielleicht werden einige Eltern auch dankbar für eine kurze Kinderauszeit sein.

#89 All you need is cake

Als Naschkatze ist die Suche nach der Hochzeitstorte für mich eines der Highlights während der Hochzeitsplanung. Da kann es gar nicht hoch und tortig genug sein. Warum die Hochzeitstorte allerdings erst um Mitternacht angeschnitten werden soll, ist mir bis heute ein Rätsel. Tradition hin oder her, aber so eine Torte lässt sich doch viel besser am Nachmittag zum Kaffeetisch verdauen. Und auch der Tortenanschnitt bekommt ein tolles Nachmittagslicht und ihr mittendrin. Übrigens ist das eine der ersten ehelichen Aufgaben, die ihr gemeinsam meistern dürft. Wie war das gleich noch mal? Wer die Hand oben hat, hat auch in Zukunft das Sagen in der Ehe…? Lustig wird es dann mit dem gegenseitigen Füttern, und die Hochzeitsbilder sind komplett.

KEINE HOCHZEITSTORTE

Ja sicher, freuen sich Gäste immer über so ein süßes Dekorationshighlight, aber was nun, wenn ihr euch gar nicht süß genug für eine Hochzeitstorte fühlt? Immerhin ist sie ein großer Kostenpunkt der Hochzeit, und warum mehrere Hundert Euros für etwas ausgeben, was für euch vielleicht keinerlei Bedeutung hat? Das Gegenstück zur süßen Hochzeitstorte kann auch eine herzhafte Käsetorte sein. Nur als Idee so nebenbei. Ganz egal, ob ihr eine Torte habt oder nicht: Eure Gäste werden mit leckeren Alternativen nichts vermissen und freuen sich genauso über hausgemachte Blechkuchen.

#90 Dankbarkeit

Freunde und Familie sind nicht selbstverständlich und ein wertvoller Bestandteil eures Lebens. Genießt ihre Aufmerksamkeit an eurem Hochzeitstag und seid dankbar.

Eure Gäste sind an diesem Tag nur für euch da, sie haben sich Zeit genommen, um sich mit euch zu freuen. Natürlich wollen sie ihre Anteilnahme mit einem Geschenk bezeugen. Eure Geschenkwünsche kommuniziert ihr bestenfalls mit euren Einladungen oder macht frühzeitig eine Aufstellung, was ihr gerne geschenkt bekommen möchtet. Achtet hierbei darauf, wie ihr doppelte Geschenke vermeiden könnt.

Am Hochzeitstag selbst seid ihr ganz klar keine Wächter über euren Geschenketisch. Tatsächlich ist es allerdings keine Seltenheit, dass das eine oder andere Geschenk unbeachtet vom Tisch verschwindet. Wenn möglich, sucht ihr euch jemanden, der euch bei der Betreuung des Geschenketisches hilft und alles im Blick hat. Dies kann zum Beispiel euer Hochzeitsplaner übernehmen oder die Trauzeugen bzw. Brautjungfern.

#91 Spiele und Einlagen

Ja, so eine Hochzeit impliziert in vielen Fällen auch Hochzeitsspiele oder sonst so einige Einlagen – ob Kutscherspiel, Reise nach Jerusalem oder Reden, Vorträge von Gästen, Trauzeugen und Eltern sowie andere kleine Shows und Einlagen. Zuallererst seid ihr diejenigen, die darüber entscheiden, ob Spiele beziehungsweise Einlagen auf eurer Hochzeit stattfinden dürfen. Und wenn ja, welcher Art. Denn nicht jedes Spiel ist lustig und macht Laune. Kommuniziert eure Wünsche und Vorstellungen an eure Trauzeugen.

KURZ UND KNACKIG

Zum Thema Timing, lässt sich sagen, dass nicht zu viele Einlagen und Spiele geplant werden sollten, mit jeweils einer Maximallänge von 5–7 Minuten.

Sobald der Hochzeitstanz getanzt ist oder die Tanzfläche eröffnet wurde, sollte die Party nicht mehr von Spielen unterbrochen werden. Das garantiert euch, dass die Stimmung ununterbrochen grandios bleibt.

#92 Tanzen bis zum Abwinken

Oh ja! Der erkennbare Moment der Hochzeitsfeier ist erreicht, wenn das Dessert noch kreuz und quer auf den Tischen steht, die Jungs ihre Krawatten lockern, die Mädels sich die Schuhe ausziehen und Tante Helga, ihren seidenen Schal über die Tanzfläche wirbelt. Alles kann jetzt passieren!

Na los, Leute! Ihr sollt tanzen, so lange ihr könnt. Und hoffentlich hat euer DJ auch eure Musikwunschliste erhalten und achtet darauf, dass für jeden Geschmack was dabei ist. Habt Spaß, tanzt und tanzt (bis zum Abwinken) und macht eure Party für immer unvergesslich!

Ihr tragt neue Schuhe? Die lauft ihr am besten mehrere Wochen vor der Hochzeit gut ein, damit es am Ende nicht zu bösen Überraschungen kommt. Ansonsten darf natürlich auch barfuß getanzt werden.

#93 Gut gemeinte Rat- schläge von allen Seiten

Eltern, Familie, Freunde, Onkel, Tanten, Geschwister – sie alle haben viel gemeinsam, zum Beispiel, dass sie sofort und immer einen „guten Rat" oder „persönlichen Standpunkt" zu eurer Hochzeit haben. Ob nun am Abend Büfett oder Menü serviert wird, oder die Blumen rosa oder blau sind.

Da fällt mir der Moment ein, als meine Mutter mir auf meiner eigenen Hochzeit im Vorbeigehen ins Ohr rief: „Du kannst uns Hochzeitsgästen doch nicht allen Ernstes eine Johnny-Cash-Revival-Band zumuten". Äh, ähm ... also ... die Regieanweisung war zu Ende, und nun stand ich da in meinem Hochzeitskleid und musste kurz meine Gedanken sortieren. Während im Hintergrund der Frontmann mit großer Stimmgewalt „I walk the line" sang, fiel zum Glück in diesem Moment mein Blick auf die gut gefüllte Tanzfläche, und ich sah meine Großeltern zum ersten und letzten Mal zusammen tanzen. Auch wenn meine Mami ihre Meinung an meinem Hochzeitstag kundtat und ich das irgendwie uncool fand, ist es ziemlich großartig zu wissen, dass sie das nur getan hatte, weil sie mich liebt und das Beste für mich will.

MEINUNGEN SIND GLEICHBERECHTIGT

Jeder hat eine Meinung zu eurer Hochzeit. Manche dieser Ansichten sind unbestreitbar praktisch, andere wiederum sind einfach nur blöd. Auch wenn es um eure Hochzeit geht, ist es diese nicht wert, dass ihr auf dem Weg dahin deswegen Brücken hinter euch abbrecht. Geht Meinungen auf den Grund und versucht, Gemeinsamkeiten zu finden. Die Hochzeit ist irgendwann vorbei, doch die Familie und die Freunde bleiben. Und falls jemand wirklich jegliche Manieren verloren hat, tief durchatmen und nicht weiter darüber aufregen.

#94 Es ist euer Tag!

Dieses Ding verbreitet so viel gute Laune, das müsst ihr euch reinziehen! Auch wenn sich dieser Tag im Vorfeld so unrealistisch anfühlt …, wenn ihr schließlich in eure hübschen Kleider schlüpft, schön gemacht werdet und alle Kameras auf euch gerichtet sein werden, wird sich jeder Augenblick eures Hochzeitstages authentisch anfühlen!

Während sich die Planungszeit wie eine Ewigkeit anfühlen kann, vergeht ein Hochzeitstag wie im Flug. Deshalb mein Tipp an euch: Lebt jeden einzelnen Moment eures Tages, seid präsent und dankbar. Liebt die Schönheit aller Dinge, die passieren werden. Feiert die Einzigartigkeit eurer Liebe zueinander, denn genau das ist der Grund, warum ihr diesen Tag so sehr herbeigesehnt habt. Was folgen wird, sind Tage, Monate und Jahre mit einer Erinnerung im Herzen an einen Tag, den ihr in vollen Zügen genossen habt. Hegt ihn wie einen Schatz, denn er hat euch an den Anfang einer fantastischen Zeit geführt – eurer Ehe.

KAPITEL 10

NACH DER FEIER

Ihr beide gegen den Rest der Welt.
Genauso fühlt sich eine Ehe an. Dafür
gibt es allerdings keinen Führerschein oder Bedienungsanleitung.
Ihr werdet in eurer Ehe wachsen,
euch verändern und euch einige Male
daran erinnern müssen, warum ihr
zwei geheiratet habt.

#95 Die nicht erzählte Wahrheit zur Hochzeitsnacht

Macht den Champagner auf, es ist Hochzeitsnacht! Die große Party ist vorbei, und nun ist er endlich da, der romantische Abschluss des Tages. Man wird über die Türschwelle getragen, die Champagnerkorken knallen, und es wird wild auf dem Bett herumgetobt.

Vielleicht passiert das gerade in einem Hollywoodfilm, der im Hintergrund abläuft. Hallo Schicksal! Denn bei mir jedenfalls war die Hochzeitsnacht alles andere als romantisch.

WENN DIE HOCHZEITSNACHT GANZ ANDERS KOMMT

Gegen 3 Uhr in der Früh – oder war es schon 4? – schlenderten mein Mann und ich Hand in Hand unserer Hochzeitssuite entgegen (übrigens dasselbe Hotelzimmer, welches ich morgens im größten Chaos mit meinen Brautjungfern nach dem Getting Ready verlassen hatte). Auf dem Weg dahin spielte mein Kopfkino den romantischsten Film ab. Raus aus dem Kleid, rein in die hübschen Dessous, während mein frischgebackener Ehemann mit zwei gekühlten Gläschen Champagner auf mich zukommt und mit softer Stimme flüstert: „Schau mir in die Augen, Kleines".

Ein guter Plan, nur fernab von der Realität für Herrn und Frau Schicksal. Tatsächlich hatten wir ein Glas Schampus in der Hand, als wir, ich in meiner Spanx und er im Bademantel, auf dem Hotelsofa saßen und uns kurz glücklich in die Augen sahen, die bereits auf halb acht zeigten. Wir waren von dem langen Tag und der wilden Nacht so müde, dass wir es nicht einmal schafften, nur einen Schluck aus unseren Gläsern zu trinken, und einfach so einschliefen.

Was unsere nackte Wahrheit ist, kann für andere natürlich ganz anders aussehen, denn wenn es etwas wirklich gibt, dann sind es Hochzeitsnachtziele. Mit guter Vorbereitung könnt ihr eure Traumhochzeitsnacht wahr werden lassen. Achtet darauf, dass die Räumlichkeiten nicht im Chaos versunken sind, sodass ihr euch wohlfühlt. Denn dafür ist das Heimkommen als frischgebackenes Ehepaar einfach ein zu schöner Moment.

#96 Schöne Bescherung

Die Hochzeit war sagenhaft, und auch eure Gäste, die Treuzeugen und Schwiegereltern, die eigenen Eltern, Geschwister und engsten Freunde haben alle zur großartigen Stimmung beigetragen. Darüber hinaus haben sie euch mit tollen Geschenken und finanzieller Unterstützung überrascht, wofür ein Dankeschön nach der Hochzeit angebracht ist.

Am besten legt ihr euch beim Auspacken aller Geschenke eine Liste an, wer euch was geschenkt hat. Damit habt ihr einen guten Überblick und könnt euch bei jedem persönlich für das liebe Geschenk und die Wünsche bedanken.

Grundsätzlich ist eine Dankeskarte die klassischste Art, sich bei allen zu bedanken. Hierfür könnt ihr eines eurer schönen Hochzeitsfotos nutzen, um das Design zu erstellen. Für alle, die selbst einiges zur Hochzeit beigetragen haben und euch näherstehen, könnt ihr auch Fotobücher drucken oder einen Gutschein beilegen. Sehr neu, nachhaltig und beliebt ist auch ein Schmuckstück, das aus den getrockneten Blüten des Brautstraußes angefertigt wird. Lasst euch etwas Besonderes einfallen, um Trauzeugen und euren Liebsten ein Hochzeitsdankeschön zukommen zu lassen, denn ohne ihre Organisation, Geduld und ihre gute Laune wäre die Feier nicht so einzigartig geworden.

#97 Flittern, was das Zeug hält

Eure Flitterwochen sind ein wichtiger Teil der Hochzeitsplanung, denn sie geben euch Zeit, sich von den turbulenten Tagen und Wochen vor und der aufregenden Zeit während der Hochzeit zu erholen. Deswegen solltet ihr die Flitterwochen nicht auf die lange Bank schieben. Bestenfalls sind die Koffer schon vor der Hochzeit gepackt, und in der Woche nach der Hochzeit kann die Reise dann beruhigt losgehen. Da ist auch alles noch so schön kribbelig frisch. So schön kann der Start in euer Eheleben sein. Genießt es!

#98 Im Hochzeitsblues

Allein wenn man den Begriff „Hochzeitsblues" googelt, wird man mit unzähligen Beiträgen und Artikeln zum Thema Hochzeitsdepressionen überflutet. Ja, dieses Ding ist echt und braucht Zuneigung.

Über viele Monate habt ihr mit eurer größten Schaffenskraft eine Hochzeit auf die Beine gestellt, und euer Nervensystem war währenddessen auf dem Prüfstein unterwegs. Genauso wie eure Neurotransmitter, die ununterbrochen am Laufen waren. Ganz klar, dass selbst der stärkste Mensch davon erschöpft sein kann.

Ich selbst habe das nach meiner Hochzeit zu spüren bekommen, nach einer unglaublichen Zeit der Planung, gefolgt von der Traumhochzeit mit sofortiger Glückseligkeit, die bis kurz nach den Flitterwochen anhielt. Ist ja klar, dass es nach so vielen Hochs irgendwann runter gehen musste. Vorbei der ganze Stress der letzten Monate, und auf einmal wusste ich gar nicht, was mit all meiner Zeit anzufangen war. Meine Welt war doch „Hochzeit", und ich konnte es gar nicht glauben, dass auf einmal alles vorbei sein sollte. Wahrscheinlich habe ich meine Hochzeitsdepression wohl nie überstanden, denn das Thema lässt mich bis heute nicht mehr los. Allerdings in einem sehr gesunden Maß.

Wenn eure Gefühle nach der Hochzeit verrückt spielen sollten, gibt es ein paar gute Tipps, dem Hochzeitsblues entgegenzuwirken:

SPRECHT MIT JEMANDEN, DEM IHR VERTRAUT
Sich anzuvertrauen und Sorgen von der Seele zu reden hilft dabei, sich vor Augen zu führen, dass es für alles eine Lösung gibt, die womöglich ganz nahe liegt.

MACHT PLÄNE
Schmiedet Pläne von aufregenden schönen Dingen, die euch in naher Zukunft wichtig sind. Macht euch zur Aufgabe, diese Pläne nicht nur zu schmieden, sondern sie auch zu realisieren.

KONZENTRIERT EUCH AUF EURE EHE
Es ist einfach, den Verlust eines großen Ereignisses zu betrauern. Ein Ende ist allerdings immer der Anfang von etwas Neuem. Eure Ehe ist der Beginn und ein echter Motivator für all die spannenden Ereignisse, die noch vor euch liegen.

#99 Hallo Routine: zurück im Alltag

Ach wie gut, dass niemand weiß, dass ich Paarroutine heiß.
Es ist fast ein bisschen wie „Und täglich grüßt das Murmeltier".

Was ist Routine überhaupt? Für mich sind Routinen Dinge und Abläufe, die sich wiederholen, aber keine emotionale Bedeutung haben. So wird es Paarroutinen geben, die euch nach vielen Jahren öde und langweilig erscheinen. Oft tragen sie sogar dazu bei, dass man auseinanderdriftet.

Der beste Weg, solche Routinen in der Ehe zu durchbrechen, verlangt danach, ihnen eine emotionale Bedeutung zu geben und sie zu Ritualen zu machen. Rituale, die eure Ehe gesund und stark machen.

Aber wie in aller Welt gewinnt man über schlechte Beziehungsgewohnheiten Oberhand? Es gibt viele Dinge, die ihr ritualisieren könnt. Hier ein paar Lebensretter, die auch in meiner Ehe Augenöffner sind und waren:

- ♥ Smartphones aus dem Schlafzimmer verbannen.
- ♥ Wie war dein Tag, Schatz? Teilt eure (all)täglichen Erlebnisse miteinander.
- ♥ Gemeinsam kochen, frühstücken beziehungsweise zu Abend essen.
- ♥ „I love you"-SMS verschicken. Sich im Laufe des Tages beieinander melden fühlt sich fantastisch an.
- ♥ Macht gemeinsame Spaziergänge und haltet Händchen.
- ♥ Schaut euch eure Lieblings-TV-Serie zusammen an.
- ♥ Macht euch Komplimente.
- ♥ Sagt „Hallo" und „Tschüss" zueinander und besiegelt Routineabläufe mit einem Kuss.

#100 In guten wie in schlechten Zeiten

Ganz egal, welche Trauung ihr haben werdet, die Frage ist immer dieselbe: in guten wie in schlechten Zeiten? Die ganze Zeit war man aber so aufgeregt und mit der ganzen Hochzeitsplanung beschäftigt, dass man sich gar keine Gedanken machen konnte, was diese Worte wirklich bedeuten.

Denn in Wirklichkeit ist eine Ehe harte Arbeit, und die Zeiten werden nicht immer rosarot sein. Tatsächlich fällt es mir schwer zu glauben, wenn Paare erzählen, dass sie schon Jahre verheiratet sind, aber nie streiten. Streit und Meinungsverschiedenheiten wird es geben – vor und nach der Hochzeit. Und oftmals sogar grundlos. Man ärgert sich über ganz banale und dumme Sachen, die der Partner macht. Manchmal ist es aber sogar gesund und wichtig zu streiten, damit die Beziehung wächst und funktioniert. Allerdings ist entscheidend, wie man sich streitet.

MITGEHANGEN, MITGEFANGEN

Als Verheiratete seid ihr einander verbunden und könnt euch nicht einfach wie in einer partnerschaftlichen Beziehung trennen, um den Problemen aus dem Weg zu gehen. Stattdessen müssen diese miteinander durchgearbeitet werden. Aber hey, oft reinigt Streit auftretende dicke Luft, sorgt für Kommunikation und Ausgeglichenheit und schüttet sogar Glückshormone aus. Denkt nur an all die leidenschaftlichen Versöhnungen, die einen Streit schon mal wert sein können.

ABENTEUER EHE

Die Ehe ist ein wunderbares Abenteuer, wie sie allerdings funktioniert, wird für jedes Paar anders sein. Ihr geht nun als Team gemeinsam durchs Leben. Im Idealfall freut ihr euch in guten Zeiten für- und miteinander und empfindet die gleichen Traurigkeiten füreinander in schlechten Zeiten.

#101 Ich liebe dich

Ihr seid die Hauptdarsteller eurer Ehe und dafür verantwortlich, eure Liebe am Leben zu erhalten. Wenn ihr morgens aufwacht, sollte einer der ersten Gedanken sein, was ihr tun könnt, um euch den Tag gegenseitig zu versüßen und euch glücklich zu machen. Diese paar Minuten werden euch Tag für Tag ein Lächeln ins Gesicht zaubern und ein Gefühl von Dankbarkeit verbreiten. Dankbarkeit dafür, diese ganz besondere Person in eurem Leben an eurer Seite zu spüren. Wenn ihr euch jeden Tag füreinander entscheidet, wird eure Ehe die lebenslange Fete eurer Liebe sein. Jeden. Einzelnen. Tag.

Über die Autorin

Patricias Hochzeitswahn begann 2010 mit der eigenen Hochzeit. In der Vorbereitungsphase suchte sie nach Inspiration. Diese fand sie zwar nicht, aber dank ihrer unbändigen Kreativität feierten sie und ihr Mann dennoch zwei rauschende Feste. Ein Elopement im tropischen Bora Bora und eine Schlosshochzeit mit Gästen aus der ganzen Welt. Und so entstand Hochzeitswahn, ein erfolgreicher Blog für Hochzeitsverliebte. Damit es Brautpaaren von heute besser geht als ihr damals – von der Vorbereitung bis sogar nach der Hochzeit, denn Patricia bringt immerhin auch schon einige Jahre an Eheerfahrung mit. Seit 2004 lebt sie zusammen mit ihrem Mann Alexander in Australien.

⬚ @hochzeitswahn   www.hochzeitswahn.de

Danke

- ❤ an die Edition Michael Fischer für das Vertrauen und die Veröffentlichung dieses Buches.

- ❤ an Anne und Simone aus dem Lektorat, die mit sehr viel Herz, Fürsorge, Detailliebe und sorgfältiger Aufmerksamkeit dieses Buchprojekt geleitet haben, und darauf achteten, dass ich nicht vom Weg abkomme.

- ❤ an Zoe für die wunderschöne Gestaltung des Buches.

- ❤ an meinen Mann Alexander, der ehrlichste Kritiker an meiner Seite, und zweifellos der beste Mensch, den ich kenne. Ich bin unglaublich glücklich, ihn in meinem Leben zu haben, denn er zeigt mir jeden Tag, wofür wahre Liebe steht.

- ❤ an meine Familie, vor allem an meinen Papa Andreas, den größten Supporter seit es mich gibt, und dem ich große Dankbarkeit schulde sowie an meine Mama Monika, die immer an mich glaubt, und nicht nur die besten, sondern auch die ehrlichsten Ratschläge für mich hat.

- ❤ an Samm, Trudi, Oreo und Lulu für ihre bedingungslose Liebe.

- ❤ an alle Brautpaare, Hochzeitsexperten, Blogleser und Internetfreunde, die „Hochzeitwahn" seit über 11 Jahren unterstützen und lesen. Ohne ihre Geschichten, Erfahrungen, Inspirationen und kreativen Ideen hätte ich dieses Buch nie schreiben können.

- ❤ an alle, die sich trauen, ihre Träume zu leben. Es wird uns nicht leicht gemacht, genau die Dinge zu tun, von denen wir träumen. Glaubt an euch, so wie ihr seid, und setzt weiterhin das größte Vertrauen in euch selbst. Gebt niemals die Dinge und Menschen auf, die ihr am meisten liebt.

- ❤ zu guter Letzt an mein sprunghaftes, aber willensbestimmtes Ich, das mich 24/7 erträgt, und mir erlaubt, all die guten, die verrückten, die schlechten und die unangenehmen Erfahrungen zu machen. Das sind die Lektionen, die mir ermöglicht haben, genau da zu sein, wo ich heute bin.

IMPRESSUM

Bibliografische Information der Deutschen Bibliothek.

Die Deutsche Bibliothek verzeichnet diese Publikation in der Deutschen Nationalbibliografie.

Detaillierte bibliografische Daten sind im Internet über http://www.dnb.de/ abrufbar.

EIN BUCH DER EDITION MICHAEL FISCHER

1. Auflage 2022

© 2022 Edition Michael Fischer GmbH, Donnersbergstr. 7, 86859 Igling

Covergestaltung: Zoe Mitterhuber

Redaktion und Lektorat: Simone Voran, Anne Schäfer-Hörr

Layout: Zoe Mitterhuber

ISBN 978-3-7459-1055-1

Gedruckt bei Polygraf Print, Čapajevova 44, 08001 Prešov, Slowakei

www.emf-verlag.de

Alle Illustrationen von ©Shutterstock:

Cover: Agafonov Oleg (marmorierter Hintergrund), Ann.and.Pen (Blumen), GoodStudio (Geldmünzen), Mio Buono (herzförmige Musiknoten, Herz), Madiwaso (Ringe)

Innenteil: Agafonov Oleg (marmorierter Hintergrund), Akane1988 (Jumpsuit, Mix & Match), Ann.and.Pen (Standardblume über Headline), GoodStudio (Blumenvasen, tanzendes Hochzeitspaar über Headline, Geldmünzen, Brief, Waffle Bar, feiernde Menschen, Essen und Snacks, lässig gekleidete Menschen, floraler Hintergrund, rosa Blume über Headline Hochzeitsblumen, Hochzeitstorte, prostende Hände, Fotoapparat, Regenschirm über Headline, Hochzeitsfoto, Notfallset-Essentials, Haarnadeln, Olivenzweig, Buch, Frau nach Maniküre, Maniküre, Maniküre-Essentials, Pärchen, Kalender mit Blume, Kind mit Hula-Hoop-Reifen, Reise-Essentials, Hand mit Brief, Brief mit Blume, Konfettiherzen, Fotoapparat über Headline, Braut im Brautkleid mit Blumenstrauß und Schleier, Armbanduhr, Nähgarn, Schere, Schere über Headline, Briefmarken, Packliste-Hochzeitstag, Portemonnaie, tanzendes Hochzeitspaar, Urlaubs-Essentials für die Flitterwochen), Iris Palacios (Mini- & Midi-Brautkleid), Madiwaso (Ringe, Blumensträuße, langes Brautkleid, Briefe mit Herz, Hochzeitsschuhe, Eukalyptus-Zweig), Mind Pixell (Stühle), Mio Buono (Hochzeitseinladung schreibende Hand, Schlüssel haltende Hand, Diamanten, Schallplattenspieler, herzförmige Musiknoten, Kassette, Schloss mit Schlüssel, herzförmige Pizza, kleines Schild mit Herz), Olga_Angelloz (Hand mit roten Fingernägeln), Yana Lesiuk (Fit- & Flare-Brautkleid)

Autorenfoto: ©Loredana La Rocca, München